「10年後の自社」を思い描き
確実に実現する!

資金調達力
の強化書

基本から最新の事業性評価、ローカルベンチマークまで

編著		著		
公認会計士・税理士	税理士	税理士	行政書士	巡回監査士
赤岩 茂	鈴木信二	倉澤芳弥	小山淳一	茂田雄介
Shigeru Akaiwa	Shinji Suzuki	Yoshiya Kurasawa	Junichi Koyama	Yusuke Shigeta

あさ出版

はじめに

　本書は、前著『財務経営力の強化書』の続編として、「資金調達力」を高めるために、どのような知識と行動が必要か、に焦点をあてて執筆しています。

　ただし、単純な資金調達の方法を解説したものではありません。**資金調達を目的化してはいけない**のです。関係する人々の幸福を実現するために「より良い会社」の創造を通じて**「より良い社会」を実現することが資金調達の共通目的であり、その目的を達成するための手段として位置づけるべき**だと考えます。

社会経済環境が大きく変化する

　本書の校正時にウクライナ危機が勃発しました。まだ、日本では対岸の火事のようにも思えますが、同国は世界的な小麦の生産地帯でもあります。食品原料や原油価格の高騰など、ここ30年で経験し、マインドとして共有していた「デフレ」の考え方を切り替えていかないといけないような値上げも続いています。

　令和4年3月30日の新聞でも「新発40年物国債の利回り」が急上昇するという報道があり、為替相場も急速に円安に振れるなど、コストプッシュインフレの足音がひたひたと忍び寄っているように感じます。今までの企業経営の考え方を再考し、再構築する分岐点に我々は立っているように感じます。

　2019年に中国武漢に発生した新型コロナウイルスは瞬く間に全世界に蔓延し、3年たった今でもオミクロン株の急拡大により、いつ終息するかがわかりづらい状況になっています。

政府もコロナ対策で緊急融資を拡大させるなどの対策を講じていますが、問題はこの感染症が終息するか、返済猶予期間が終了した時、どれだけの企業が安定して返済が可能なのか、ではないでしょうか。

資金調達の本質と企業経営

資金調達というと、中小企業の経営者は金融機関からの融資を思い浮かべると思います。

しかし、融資そのものだけでなく、平時に一定の利益や資金を蓄積することが、企業を防衛する一番の近道になりますし、日ごろから情報（財務・非財務含む）開示に積極的な企業に、金融機関も安心して貸したいと思うはずです。

企業には固有の役割があり、それがあるから、社会に存在を許されています。この意味で、**今のような不透明な時代こそ、自社の存在意義や目的、固有のお役立ち、社会との約束を再確認し、その観点から自社を再構築していくべき**と考えます。

そして、その事業再構築の過程で資金が必要となることがあります。そのような資金を円滑に調達するためにどうすべきかを読者と一緒に考えていきたいと思います。

本書でも、経営計画について一部取り上げています。

確かに経営計画書の提出は融資の際に有利になるだけでなく、今後は必須の条件になってくるものと思われます。

しかし、融資のためだけ、あるいは補助金獲得のためだけに経営計画をつくることはやめてもらいたいのです。経営計画書をつくる過程で、今一度創業の原点に立ち返り、存在意義を再確認するなど、

前述した自社の再構築の手段として活用するのが重要なのです。

　雪だるまをつくるには、まず、小さい雪玉をつくります。しかも
その雪玉はぎゅっと固くつくらなければ周りの雪を巻き込んで大き
な雪だるまをつくることはできません。小さな自然界の現象でさえ、
我々にさりげなくこのように教えてくれています。
　現在のような先が見えづらい状況だからこそ、**企業においても
「核」となるものをしっかりともちたい**ものです。

経理人財も成長すべき

　また、生産年齢人口が急速に減少していく社会では、**生産性向上
にはＩＴの利活用が必要不可欠**になってきます。
　本書でも会計を中心としたＩＴ化、ＤＸについても言及しました。
従来、会計業務はコストといわれていましたが、その業務を財務諸
表の作成から、その活用や経営陣への提言に拡大していけば、企業
の発展にも大きく貢献していくことでしょう。
　このためには、社内の制度を変えるというより、経理人財自らが
それに気づき、参謀としての知識やノウハウを蓄積していくことこ
そが必要とされます。
　ＡＩの進展によって、経理人財は不要になるとの論調もあります
が、このように自らを、そしてその業務を変革すれば、決してＡＩ
に負けることはなく、逆にそれを活用していく人財へと変貌を遂げ
ることでしょう。

信頼・信用こそが礎

　同じような規模や社歴であっても、資金調達ができやすいところ

とそうでないところがあります。その理由を突き詰めると、「信頼」と「信用」の差になるのではないかと思います。

　資金調達力を高めるためには、手法・テクニックではなく、いかに、**金融機関などの資金提供先から「信頼」「信用」されるか**、一緒に成長したい、高い志をもっている企業を支援したいと思われるかどうかにつきるのです。

　この意味で、読者の皆様の１社でも多くが、「良い会社」を創造することにまい進していただきたく、その一助となれば幸いです。

　前著に続き、本書もあさ出版の皆様には大変お世話になりました。心より感謝申し上げます。

　2022年4月吉日

著者を代表して　赤岩　茂

本書の構成

プロローグ

日本経済は歴史的に見て、**10年に一度は何らかのショックが来ている**ことを指摘し、そのことを踏まえたうえでの資金調達はどうあるべきかなど、会計情報を有効に活用する方法について述べます。

第1章

第1章は「経営者編」として、**資金調達力を強化するために、経営者が知っておきたい知識を解説**します。資金調達に経営者が果たす役割、売上と資金の関係、様々な資金の調達方法、金融機関の融資傾向、必要な運転資金の計算方法などを押さえましょう。

第2章

第2章は「基礎知識編」として、借入れ、増資、クラウドファンディング、助成金・補助金など、**中小企業が使える資金調達の方法や特徴を解説**します。資金調達に関する基本的な知識をつけておくと、各場面でどの方法が望ましいかを判断するための基準ができます。また専門家への相談もスムーズです。

第3章

第3章は、「信用力強化編」として、**決算書などの財務情報の信頼性を高める方法について解説**します。「中小企業の決算書は信頼できない」と断言されることも多いものです。しかし、中小会計要領などの会計ルールに準拠した決算書の作成や、税理士などからの保証を得ることで信用を高めることができます。その具体的な方法を解説します。

第4章

第4章は、「非財務情報編」として、資金調達力を高めるために、**非財務情報などの金融機関に対する開示資料のまとめ方を解説**しています。様々なフレームワークを使って経営者自身の考えや自社の強み・弱みを再確認し、今後の方向性を見出しましょう。

第5章

第5章では、「経営計画編」として、**会社の将来像を明確にし、実現可能性の高い経営計画を立てるための方法を解説**します。とくに中期経営計画は、金融機関の事業性評価融資でも重視されています。

第6章

第6章は、「ＩＴ利活用編」として、**中小企業でもすぐにできる会計情報の"自動化"について解説**します。ＤＸ(デジタル技術による変革)による生産性向上は全企業が解決すべき課題であり、ＩＴ利活用は金融機関からの評価を高めます。事務負担を減らす効果もあります。

第7章

第7章では、「人財強化編」として、**資金調達力、財務経営力を向上させるための経理責任者・担当者のあり方を解説**します。これからは財務情報を読み解き、経営層に提言できるスキルが重要です。

エピローグ

非常時は必ずまたやってきます。人口動態・地球環境の変化、ＡＩ、ＥＳＧ対応など、**将来の変化に備える方法などを解説**します。

会社内部

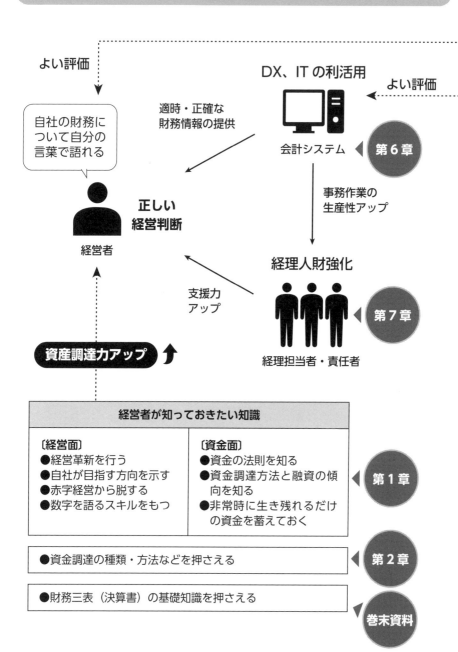

DX、IT の利活用

よい評価

適時・正確な
財務情報の提供

会計システム　第6章

事務作業の
生産性アップ

経理人財強化

第7章

経理担当者・責任者

支援力
アップ

よい評価

自社の財務に
ついて自分の
言葉で語れる

正しい
経営判断

経営者

資産調達力アップ

経営者が知っておきたい知識

〔経営面〕
●経営革新を行う
●自社が目指す方向を示す
●赤字経営から脱する
●数字を語るスキルをもつ

〔資金面〕
●資金の法則を知る
●資金調達方法と融資の傾
　向を知る
●非常時に生き残れるだけ
　の資金を蓄えておく

第1章

●資金調達の種類・方法などを押さえる　　第2章

●財務三表（決算書）の基礎知識を押さえる　　巻末資料

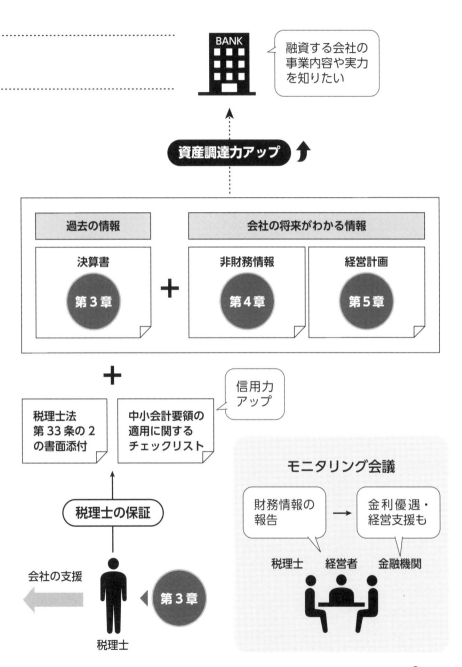

会社外部

BANK

融資する会社の
事業内容や実力
を知りたい

資産調達力アップ

過去の情報

会社の将来がわかる情報

決算書
第3章

＋

非財務情報
第4章

経営計画
第5章

＋

税理士法
第33条の2
の書面添付

中小会計要領の
適用に関する
チェックリスト

信用力
アップ

税理士の保証

モニタリング会議

財務情報の
報告

→

金利優遇・
経営支援も

税理士　経営者　金融機関

会社の支援

第3章

税理士

借入金による資金調達

申込みまでの流れ

| 資金繰りと運転資金の現状を把握 | ➡ | 中期経営計画を策定 | ➡ | 金融機関へ融資を申し込む |

どの融資？ ↑

保証協会付き融資	プロパー融資	制度融資
●比較的借りやすい ●保証協会の保証料がかかる	●融資の実行スピードが速い ●担保などの要求	●保証料や金利などの一部援助あり ●融資実行が遅い

何の資金？ ↑

運転資金	設備投資資金	納税・賞与資金
本業で返せる範囲内で借りる	採算計算を行ったうえで借りる	消費税と源泉所得税は融資対象外

この範囲内の借入れかをチェックしよう

設備投資資金の返済額と融資額の参考算式

毎月の返済額 ＜ 税引後当期純利益＋減価償却費

融 資 額 ＜（税引後当期純利益＋減価償却費）× 設備の耐用年数

信頼関係づくりは、融資が終わってからが本番です

そのほかの方法

増資

メリット
返済不要の資金である

デメリット
- 議決権の過半数を維持できるように注意が必要
- 税制面で不利になるケースがある

クラウドファンディング

クラウドファンディングの流れ

運営会社を選択 ➡ 出資者の募集 ➡ プロジェクト開始 ➡ リターンの送付 ➡ 終了

メリット
- 新規事業でも資金調達しやすい
- 同時にマーケティングができる
- 現金以外のリターンを設定できる

デメリット
- 資金調達までの時間が読めない
- 公開したアイデアが盗用される可能性がある
- プロジェクトが失敗すると社会的な信用を落とす

補助金

特徴
- 返済不要の資金
- 採択件数や予算が決められており、審査にとおらないと受給できない

助成金

デメリット
- 返済不要の資金
- 要件を満たしていれば、受給できる

投資育成会社

メリット
- 自己資本比率を改善できる
- 経営権を確保できる
- 長期安定資金として活用できる

デメリット
- 安定配当が必要
- 情報公開が必要

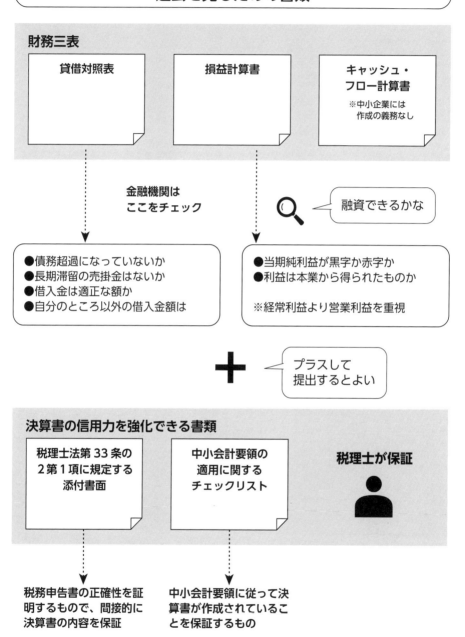

過去を見るための書類

財務三表

| 貸借対照表 | 損益計算書 | キャッシュ・フロー計算書 ※中小企業には作成の義務なし |

金融機関は
ここをチェック

融資できるかな

●債務超過になっていないか
●長期滞留の売掛金はないか
●借入金は適正な額か
●自分のところ以外の借入金額は

●当期純利益が黒字か赤字か
●利益は本業から得られたものか

※経常利益より営業利益を重視

プラスして
提出するとよい

決算書の信用力を強化できる書類

| 税理士法第33条の2第1項に規定する添付書面 | 中小会計要領の適用に関するチェックリスト | 税理士が保証 |

税務申告書の正確性を証明するもので、間接的に決算書の内容を保証

中小会計要領に従って決算書が作成されていることを保証するもの

未来を見るための書類

非財務情報

- ● ＳＷＯＴ分析
- ● ＳＷＯＴクロス分析
- ● ビジネスモデル俯瞰図
- ● 商流図
- ● サプライチェーン
- ● 業務フロー
- ● ローカルベンチマーク
- ● 課題解決のフレームワーク　など

会社の強み、利益の
源泉などがわかる

将来も
伸びるか？

経営計画

- ● 長期経営計画
- ● 中期経営計画
- ● 短期経営計画

構成

- ● 経営理念
- ● 経営ビジョン
- ● 経営方針
- ● 経営計画（数字計画）

- ● 経営理念作成
- ● 経営ビジョン作成
- ● 経営方針作成
- ● 売上高・限界利益予測
- ● 商品・サービス別５カ年成り行き予測
- ● 商品・市場マトリックス
- ● 自社の市場戦略
- ● 打ち手による売上高・限界利益の増減額
- ● 人件費計画、固定費計画
- ● アクションプラン
- ● 借入金計画、設備投資計画
- ● 損益計画、資金計画

金融機関の稟議書の内容に合わ
せて資料を用意するとよいです

第2章 基礎知識編

資金調達の種類・方法などの「基本」を押さえておこう

第3章　**信用力強化編**

決算書の「信用度」を上げて、資金調達力を強化しよう

第4章 非財務情報編
非財務情報で経営力を伝えて、資金調達力を強化しよう

第5章　経営計画編

「経営計画書」で将来像を明確にし、資金調達力を強化しよう

第6章　　IT利活用編

会計の「自動化」を実現して、
資金調達力を強化しよう

第7章　人財強化編

戦略的な経理人財を育て、資金調達力を強化しよう

エピローグ

非常時はまたやってくる!
これからの10年に備える

本文DTP／ライラック

コロナショックも例外でない !?
10年に一度の危機に
備えよう

平時の9年間で資金を貯め込み、難局である
非常時の1年で吐き出すのが企業を守る基本

●わが国では10年に一度は経済ショックが到来

　2019年に中国武漢で報告された、新型コロナウイルス感染症は、瞬く間に全世界に蔓延し、人の命を奪い、経済活動に大きな制限がなされました。対面接触を伴う飲食・宿泊・旅行業では、対前年比数％となったところもあり、「需要が蒸発してしまった」と表現してもいいほどの売上減にみまわれた会社もありました。

　今回のコロナショックを不測の事態ととらえている方もいるかもしれません。しかし、**わが国では、歴史的に見ると、10年に1度程度は経済的なショックが発生しています**。2020年のコロナショックの前は2008年のリーマンショック、その約10年前は、ＩＴバブルの崩壊、その約10年前はバブルの崩壊です。

　その時々で、影響の大きい業種などは異なっても、10年に一度は利益を出しにくい環境が訪れることを前提に企業経営を行うことが重要です。

●資金を「ダムの水」にたとえた松下幸之助

　経営の神様といわれた松下幸之助氏は、「ダム経営」をとなえていました。これは、

 「ダムに水を蓄えて、旱ばつの時に放出するように、緊急時に使える資金・人材などを蓄えておく」

ことを意味しています。

　前述したように、日本経済には10年に一度程度の周期で、様々なショックが到来しています。

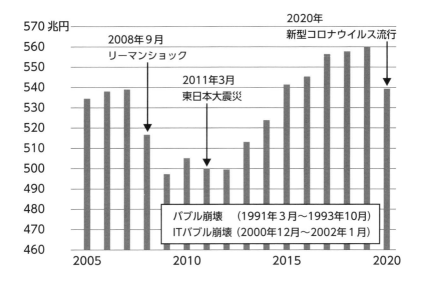

企業は、**このサイクルからは逃れられない**ものとして、平時から
の準備をしておくことが必要なのです。

つまり、**平時の９年間で利益や資金をため込み、非常時の１年で
それを吐き出していく**ということです。

●二宮尊徳の「四分分度」の教え

財務分析などでは、利益率は高いほうがよいというばかりで、ど
の程度の利益を残せばよいかは示していません。

このことについては、長い歴史の中で古人がいくつかの指針をま
とめています。その叡智には学ぶべきところがあります。

たとえば、幕末の農政家である二宮尊徳は、「王制の法」として、
四分分度を説いています。

これは、

「収穫のうち4分の3を国用として用い、残りの4分の1
を将来のために残しなさい」

というものです。

　尊徳は、皆が助け合い、高め合う世の中を理想と考えました。そ
のためには分配の元となるものを残さなければなりません。

　それで収入を増加させるとともに、支出の欲を抑えて、将来のた
めに4分の1は残しておくべきと考えたわけです。

　現代の企業にあてはめれば、収穫とは企業が生み出した付加価値、
つまり、限界利益のことですので、限界利益の4分の1は残せ、と
いうことです。ただ、尊徳の時代は人件費の概念もあいまいでした
ので、現代では限界利益の20％程度の利益を残せば安心といえる
でしょう。

　利益を残して将来に備えることもなく、また備えたほうがよいと
わかっていても無視をして放漫経営を行っていると、尊徳のいう「王
制の法廃れて国崩壊に至る」ことになるのです。

● 10年分の蓄えを残せと説く『礼記』

　では、長期的な視点ではどのように考えればよいでしょうか。
『礼記』王制第五では、

「国に9年の蓄えなきを不足といい、6年の蓄えなきを急
という。3年の蓄えなきを、国その国に非ずという」

として、不測の事態に備えて国庫の充実の必要性を説いています。

これは、**建国30年程度の国を想定し、10年程度の蓄えは残しなさいというもの**です。

　当時は農業国家ですので、30〜50年に一度程度の大規模な自然災害——それは水害かもしれないし、蝗害かもしれませんが——が発生すると経験的に考えられており、災害が発生し、国民たちが明日への希望を見失いそうになった時こそ、倉庫の扉を開いて、民と蓄えを分かち、安んずることが国の大きな仕事ととらえられていたのです。

　このため、建国30年たっても9年分の蓄えしかないようであれば「不足」であり、6年分の蓄えしかないようであれば、今までのやり方が間違っていたのですから、「急」いで改革しなければならない、3年分の蓄えがないのであれば、それは国ではない、と戒めているわけです。

　これは現代の企業にも通じる戒めです。

　イザという時の備えには、一定額以上の純資産とキャッシュの保有は不可欠なのです。

●非常時ほど、経営の本質が問われる

　今回のコロナショックのように、ほぼ10年に一度起こる経済環境の変化で、一過性の赤字に陥ることもあるでしょう。

　非常時こそ、**「何のために会社を経営しているか」という本質が問われます**。

　順調に売上高が拡大・推移している時は、問題や課題に気づこうとせず、気づいてもそれを先送りして、無視してしまうことが多いでしょう。

　しかし、売上高が急減する非常時には、これらの問題や課題が一挙に噴出してしまうのです。

● 「ダム経営」で経営危機を脱したＡ社長

志を貫いて非常時を切り抜け、前述したダム経営を実践したＡ社長に登場してもらいましょう。

Ａ社長は経営に積極的で、売上も順調に伸ばしてきました。しかし突然、売上高の６割を超える取引先が倒産し、自社も倒産の危機に瀕しました。

当時、新入社員の入社も決まっていましたが、そのような状態では、入社の取り下げもしなければなりません。しかし、ある幹部の「自分の給料を削ってでも……」という言葉にも押されて、無理に新入社員を迎え入れるべきか悩んでいました。

相談に来られたのはそのころでした。私は、決算書の数字より、社長の考え方やそのよりどころ、何を目的に経営しているかが重要であり、**10年程度のスパンで見ると、社長の考えや企業の目的が具体的な数字にあらわれてくる**と思っています。そこで、

「志・理念を忘れず、正当な手段で利益を出す」

というアドバイスをしました。経営が苦しい時ほど、焦って目先の数字を追わないことが大切だからです。

また、会計システムの導入や運用によって得意先別などの売上や利益の傾向がつかめるようにし、月次で予算との対比を行えるようにしました。

● 非常時は成長へのステップアップ期間に

Ａ社はその後、採算のよい得意先の開拓を続け、あわせて仕損品を削減するなどのコストダウンにも努めた結果、順調に回復し、５年程度で借入金をほぼ完済できるまでになりました。

しかし、そこに発生したのがリーマンショックでした。

この時にＡ社長が私に尋ねたのは、

「売上が半減した場合、どの程度資金がもつか」

でした。

シミュレーションの結果、約半年は大丈夫と判断できました。Ａ社へは毎年、経営計画の立案の支援をしていたのですが、Ａ社長は一度目の経営危機から学び、平時にも無駄遣いをせず資金をためていたのです。

社長が打った手は、社員研修とＩＳＯの取得でした。売上が減り、業務が少なくなった時間を逆に活用して、研修などにあてたのです。もちろん、給与も支給しました。

社長の人を大切にする想いが通じたのでしょう。解雇されてもやむなしの中（現にそのようなニュースが多く報道されていました）、勉強もし、給料ももらえる環境が、社長と従業員のより一層の絆を深めたのでした。

現在では、**当初の相談時と比較して売上は５倍強、利益も優良企業水準で推移**するようになっています。

コロナ禍でも、若干売上が下がったものの、平時の備えによって慌てることはありませんでした。

Ａ社は月次で会計による管理（月次決算）を実施しており、経営計画も毎期立案していたので、現状を把握することが可能でした。

Ａ社長の社員や社会に対する責任という高い志に裏付けられた**瞬時の意思決定は、月次で業績を把握できる仕組みが整ってこそ可能になっている**のです。

会計面をとっても、ダメな経営者は自社の数字をつかんでおらず、月次決算もできていません。しかし、デキる経営者は、自社の数字をよくつかんでおり、意思決定などに役立てています。

第 **1** 章

経営者編

「資金の法則」を知って 会社を守り、 発展させよう

売上と資金の関係、資金の調達方法、
融資の傾向、必要運転資金などを押さえよう

1 社長の志が、会社の未来を創る

会社の方向性を示し、未来へ向けた革新を行おう

▶素早く、自らを変える

　非常時に突入した時に、いち早く脱出する会社にはひとつの特徴があります。

　それは、「素早く、自らを変える」ということです。

　環境を変えようと思ってもそれは無理な注文です。変化に適合するよう、自社を変えていくしかありません。企業経営が「環境適応業」といわれているゆえんでもあります。

　コロナ禍に、吉野家がいち早く最少人数で回すことのできるテイクアウト専門店を開店しましたが、このような新店を出すにも一定の資金が必要です。

　機動的な資金調達を行えなければ、「素早く、自らを変える」ことはできにくくなります。

　このような資金は、次のいずれかの方法で、調達することになります。

> **機動的な資金調達のためには**
> ●平時にため込んでいた資金を使用する
> ●新規の借入れや増資、補助金などによって資金調達を行う

▶経営革新で "種火" を大きな火へ

「老舗は不断の革新から生まれる」といわれるように、永年続く企業は、戦争や自然災害、疫病などのあまたの困難を乗り越えて今があります。その時々の経営者が様々な困難に対峙しながら、商品を変え、サービスを変え、組織を変え、マーケットを変えて今があるのです。

むしろ、変化こそが常態であり、微細な変化を繰り返しながら大きな革新を実現しているといえます。

経営革新（イノベーション）は、経営者にとっても社員にとっても心理的な負担が大きいものです。しかし、今までずっと商ってきた商材が売れなくなった時に、嘆きあきらめるのか、新たに何かに挑戦するのかで、その企業の生命は変わっていきます。

経営革新を決断できるのは経営者だけですので、経営革新の本質は、経営者の心の革新といえます。経営者の心の眼に映る「現象」をどう読み解き、いかに「本質」を探究していくのか。経営革新の肝はここにかかっています。時代がいかに変わろうと、経営者が企業を変えていくという強い意思をもっていれば、企業は甦っていきます。たとえはよくないかもしれませんが、これは、燃えかすのように見える中にも、しっかりと種火が残っている状態なのです。

▶6年で松山藩が200万両返済できたワケ

財政改革者で有名なのは上杉鷹山ですが、幕末の備中松山藩の家老として財政再建を担った山田方谷は、たった6年間で200万両の借債を返済し、同額の資金をためたといわれています。鷹山の改革には50数年かかっていることから、最大の財政改革者はこの方

谷だといっても過言ではないでしょう。

　方谷は『理財論』の中で、今までの**財政改革者が失敗したのは、**財の内に屈したからだと述べています。これは、**会社経営でいえば、会計や財務の理屈だけで改革しようとした**ということです。

　会計・財務はあくまで結果でしかありません。原因そのものを変えていかなければ、改革はおぼつかないのです。

　方谷の成功の鍵は、**「領民の幸福」という大義名分を掲げ、人の考え方・行動を変えていった**ところにあります。

　つまり、経営者が自社のあるべき姿・社会とのかかわり、とくに社会に有用な価値をいかに提供するのかという、自社の存在意義という大義名分を掲げ、それに向かって、経営者の会社に対する「考え方」や企業経営の「あり方」を変え、それによって企業経営の「やり方」を変えていったということなのです。

▶非常時に方向性を示すのが"社長の仕事"

　経営者には経営者の資質と力量が必要なのですが、残念ながらそれを教えてくれるところは、そうありません。平時から赤字にせず、非常時にも生き残るには何が必要なのか。

　それは、次のことでしょう。

非常時に生き残るには
●ブレない判断基準をもつこと
●歴史観をもとに先を読むこと
●何が何でも関係者を護るという覚悟をもつこと

　とくに現在のような大変動期において、一番大切な経営者の仕事とは、自社が向かう方向性を示すことです。

▶赤字体質では、イザの時に耐えられない

わが国には、二百数十万社の会社がありますが、実にその7割近くが赤字であるといわれています。しかし、**平時から赤字続きでは、資金は流出する一方ですので、非常時にもちこたえられません。**

中には、節税と称して無駄な支出をし、利益を抑えている経営者もいますが、税金を払わないために企業を経営しているのではないはずです。企業は、有用な価値を社会に提供して社会の役に立つために存在しています。

また、**平時に黒字経営でないということは、企業経営における「何か」が違っている**のです。社長室から出ない社長は言語道断ですが、得意とする現場（たとえば営業や製造など）の仕事を行っているだけで、仕事をしていると錯覚している人がいます。

これらも確かに重要な仕事ですが、"社長の仕事"をしているとは言い難いのです。社長こそが、将来の方向性を決めるなど、社長にしかできない仕事をしなければなりません。

ただ単に仕事をすればよいのではないのです。

赤字は、会社にとって縮小再生産であり、企業として自立できていないことを意味しています。

松下幸之助さんは、

「社会から人とお金を預かって赤字となるのは（社会から負託を受けた経営資源を無駄遣いしているのだから）罪悪」「社会から人財や資金をお預かりし、赤字を垂れ流すことは、社会的損失である」

という旨の発言をしています。

厳しい言葉ですが、赤字企業の経営者はこの言葉を胸にあてて、改善から成長軌道へ、羽ばたいていただきたいと思います。

2 「売上と資金の関係」を知っておこう

資金面を考えない売上、返済面を考えない借入金はダメ

▶売上さえ上げれば「安心」なのではない

「売上がすべてを癒す」という言葉もあり、売上さえ伸びれば、問題はすべて解決すると信じている経営者も多いことでしょう。

確かに売上が増えれば、利益も増え、安心した経営ができるようになる側面があります。しかし、企業経営には「資金」という血液が必要であり、血液が滞ったり、失血が多ければ、企業の死である倒産に至ります。資金の法則を知らないで企業経営を行っていることは、左右にあるエンジンのうち1つのエンジンで飛んでいる飛行機のようなもので、いずれ墜落していく運命にあります。

「自分の仕事はお客をとって売上を上げることで、会計や資金の心配は経理がするもの」と考えている社長もいるかもしれません。

しかし、それは間違いです。残念なことに、**どんなに売上を上げていても、資金は、売上や利益とはまったく異なった動きをすることがあります**。そのために、「売上がすべてを癒す」とならず、逆に資金が回らなくなって危機に陥ることもあるのです。

▶売上一辺倒で危機を回避できなかった社長

ここに、資金の法則を知らない、あるいは知ろうとしなかったB

社長とＣ社長に登場してもらいましょう。

　Ｂ社長は製造業の三代目です。専務時代に一度危機を経験しましたが、新規取引先の拡大などでしのぎ、安定化させました。

　しかし、事業を継いで数年後に、以前と同様の資金繰り危機に陥ってしまったのです。私が「どんな手を打ちますか？」と質問をすると、彼は「売上を上げる」の一辺倒でした。

　分析してみると、**売上は上がっていても、採算のとれていない得意先が多く**、「労多くして益なし」の状態です。しかも、新規に開拓した取引先の回収条件は期間の長い手形であり、**取引量が増加するほど運転資金が必要になるという状況**でした。

　売上を確保しようとするあまりに、Ｂ社長は条件の悪い取引でも受け入れていたのです。

　Ｂ社長は、一度目の危機を売上増で回避できたため、売上さえ上げればよいと思い込んでいました。しかし、それは時代がよく、採算割れの取引が少なかったからできたことでした。

　Ｂ社長の学びは本質的ではありません。時代や環境が変われば、同じ手法では太刀打ちできなくなります。このまま対応策が「売上増」だけで何も手を打たなければ、残念ながらＢ社は１年もしないうちに倒産してしまうはずです。

▶採算分析の実施など、危機回避への処方せん

　Ｂ社への処方せんを示しましょう。それは、過去に困難を乗り越えた経験だけを頼りにするのではなく、赤字の原因を徹底して追究し、改善することです。

　第一に、**固定費の中で無理・無駄がないかを詳細に判別**し、不要不急のものをカットします。

　第二に、**製品や得意先ごとの採算分析を実施**し、儲けが出ている

取引先とそうでない取引先を判別します。その場合、**得意先別の限界利益だけではなく、時間当たりの限界利益も分析する**べきです。

たとえば、得意先X社の限界利益が1,000、Y社の限界利益が500という場合、一見すると、X社との取引のほうが儲かっているように思えます。しかし、X社の加工時間が500時間、Y社の加工時間が100時間だったらどうでしょうか。時間当たり限界利益で見ると、各々2と5になって、限界利益の大きさは逆転します。

であれば、X社に対しては値上交渉または撤退をし、Y社に対しては取引を増やし、あわせて採算のよい取引先の開拓をすべきでしょう。もちろん、新規取引先の回収条件としては、サイトの短いところを開拓すべきです。

B社は、会計処理の際に、売上と仕入を得意先と仕入先に区分せず一本で管理をし、外部に報告する決算書をつくるためだけにコンピュータを活用していました。そのため、得意先の採算分析もしづらい状況になっていたのです。このような会計の活用は、「現代版どんぶり勘定」であって、問題や課題を発見するにはふさわしくありません。当然、この点も改善が必要です。

▶借入金の知識不足で資金難に陥った社長

サービス業の二代目のC社長は、「資金が苦しいので、決算書を見て判断してほしい」という相談に訪れました。社長は志も高く、資金面の苦労を乗り越えることができれば、さらなる成長が期待できそうです。

しかし、決算書は最悪でした。利益もキャッシュ・フローも出ているのに、借入金がすべて長期のものであり、その返済がキャッシュ・フローを上回っていたからです。

正常な運転資金は5,000万円程度あるものの、その見合いの短

期借入金は0でした。現在の金融実務では、正常な運転資金は期日になれば一括返済し、その額を借り換えることができます。

　つまり、**本来は利息だけを支払えばよかったのに、返済しなくてもよい元金部分まで返済していた**のですから、資金が苦しくなるはずです。

「今まで、誰からも借換えを提案されませんでしたか？」

と質問したところ、

「前社長時代に、短期借入金の貸し渋りに合い、それ以来、短期借入金は（恐ろしくって）使っていない。初めて聞いた」

とのことでした。確かに二十数年前の金融危機の時にはこのようなこともありました。本来は**時代とともに借入金に関する知識もアップデートすべき**なのに、それができていなかったのです。

　C社長はすぐに銀行と交渉し、長期借入金の一部を短期借入金にしました。その分、毎月の返済額が減額され、キャッシュ・フローの範囲内に収まったため、資金面の課題が解決し、今まで以上に社業にまい進できるようになりました。

▶過去の失敗・成功体験から"正しく"学ぶ

　賢者は「歴史」に学ぶべきですし、本質を探究すべきです。本質とは「物事の本来の姿」をいいます。

　人間の命はたかだか数十年ですし、その間会社で活躍する時代は半分程度でしょう。その短い期間の中で経験することはそう多いものではありません。

　しかし、多くは、自分の経験のみをもとに判断しようとします。そのうえ、自分の経験からすら学ぼうとしない人はさらに多いのですから、うまくいくはずがありません。やはり、過去の様々な経験から学び、人間の営みである歴史観を探究すべきなのです。

3 資金調達方法と金融機関の傾向を知ろう

財務情報だけでなく非財務情報も重視する

▶借入金以外にも資金調達方法はたくさん

　資金調達というと、金融機関からの借入金と思いがちですが、その方法は借入れには限りません。

　中小企業では、上場企業のように市場から機動的に株式や社債の発行によって直接資金を調達することはできませんが、**中小企業投資育成会社の出資**も含め、**各種ファンドの出資**など、直接金融による資金調達の方法や幅が広がってきています。

　また、各種**補助金**や**法人税の繰戻し還付**（赤字になった場合、前年までの納税額の一部を還付する制度）も資金の流入をもたらすものであり、資金調達の一手法ととらえてもよいと思います。

　さらに、**借入金の返済猶予**を受けることも、当面の資金流出が猶予されることから、調達と考えてもよいでしょう。**遊休資産を売却**して資金化することも同様です。

　このように、資金調達の方法は多岐にわたりますが、中小企業にとっては、やはり金融機関からの借入れがメインになるでしょう。

▶補助金の獲得を「目的化」する危うさ

　事業再構築補助金は、「ポストコロナ・ウィズコロナ時代の経済

社会の変化に対応するため」に令和2年度補正予算で公表されたものです。新分野展開、業態転換、事業・業種転換、事業再編、またはこれらの取組みを通じた規模の拡大など、思い切った事業再構築に意欲を有する中小企業などの挑戦を支援するものになっています。

補助金が大型なものになると、「補助金をとる」がための活動をするコンサルタントなどもいます。

しかし、返済不要な資金調達だからといって、「補助金をとる」ためだけの活動には異論があります。

設備投資は企業の構造を変えることもあり、大きく飛躍するためにも必要なことです。補助金の獲得も借入れも、必要な設備投資などがあるから、そのための資金調達として行うものです。

要は、この**設備投資が将来の収益、キャッシュ・フローを生むかどうかが判断のポイント**なのです。

▶担保・保証は融資の絶対条件ではなくなってきた

かつて金融機関では、融資の可否や金利水準などを設定するために、担保や保証などの情報を重視していました。融資が回収不能になった場合、担保を処分すれば元本を回収できたので、十分な担保や優良な保証が絶対的な条件とされたのです。これは主として担保提供される土地の価格が継続的に上昇していた時代は有効でした。

しかし、バブルの崩壊とともに、一転して土地価格が継続的に下落する状況になり、約20年前からの金融検査マニュアルの時代になると、財務情報を重視した判断が行われるようになりました。

しかし、その当初には従来から実質的な資本として返済不要であった運転資金融資も、貸しはがしや貸し渋りで返済を強要された経緯があり、企業の倒産という悲劇も多発しました。今は金融機関の姿勢も変わり、担保・保証が絶対条件ではなくなってきています。

▶金融機関の融資には数字以外の情報も必要

　財務情報は重要ですが、主として過去情報を扱います。

　そこには、過去から現在までの意思決定と行動の結果の善し悪し
が表現されていますが、今後どのようになるのか、経営者はどのよ
うに考えているかといった非財務情報の開示はあまりありません。

　そのため、金融機関は、経営者に対する質問などでその情報を補っ
ていたのが実情です。それは主として、次の内容です。

金融機関が知りたい情報
- ●経営者の経営に対する考え方
- ●組織の力量、後継者の有無・資質
- ●技術力や販売力
- ●経営者が見ている企業を取り巻く環境の変化
- ●主要取引先や仕入先の動向や商流

　これらの非財務情報には一部の過去情報も含まれますが、どちら
かというと現在から未来に関する情報であり、いずれ企業活動を通
じて、財務情報としての「結果」にあらわれてきます。

　したがって、**非財務情報は会社の未来を判断するために必要な情
報**といえるのです。

▶非財務情報を重視する「事業性評価融資」

　過度に財務情報にとらわれることなく、**企業の事業性を理解し、
それを適切に評価して融資を実行する姿勢を「事業性評価融資」と
いいます**。

実は、金融機関の使命をもとに考えれば、事業性評価融資は当たり前のことだと思います。銀行の目的は銀行法第1条で高らかに宣言されています。

条文を要約すると、「信用を維持」「預金者等の保護」「金融の円滑をはかる」「（これらの結果として）国民経済の健全な発展に資する」などとされ、信用金庫法でも同様の目的が掲げられています。

銀行法ではメガバンクなども想定していますので、「国民経済の健全な発展」を大目的にしていますが、「金融の円滑化を通じた地域企業の育成と健全な地域の発展」はいずれも明示はされていないものの当然要請されているものです。地域の発展なくして、国民経済の発展はあり得ないからです。

渋沢栄一が創立した国立第一銀行も明治期の産業の発展に大きく寄与しました。当初は何もなく、海のものとも山のものともわからない産業に融資するためには、金融面だけでなく、その事業を理解し、一緒に育てていくことが重要です。金融機関は長年日本経済の発展に寄与してきました。

第11回日本でいちばん大切にしたい会社大賞（53ページコラム参照）の実行委員会特別賞を受賞した鹿沼相互信用金庫は、地元から産院がなくなることは問題だとして、金融支援だけでなく、事務長を派遣し人的な支援も行っています。

また、融資先のお土産屋に観光バスを誘致するなど金融支援ばかりでなく、本業支援も積極的に行っています。

事業性評価については、「財務情報は重要ではないのか、極論すればいらないのではないか」との誤解があります。しかし、これは従前の財務情報を過度に重視し、非財務情報を軽視あるいは無視した融資姿勢はよくないということであり、**財務情報の重要性は現在でも変わりません**。

4 経営者は、財務数字を語る スキルをもとう

資金調達の際に金融機関からの評価にもつながる

▶財務情報の理解度と資金調達力は関係している

　いくら経営者が夢を語ろうとも、それが数字に裏づけられていなければ何の説得力もありません。

　夢の実現のためには設備投資なども必要になります。その投資をどの程度の期間で回収できるのか、必要となる売上高はどの程度か、どのような手段で具現化していくのかなどを力強く語れなければ、賛同し協力してくれる人はいないでしょう。

　ましてや夢を語っても、過去の業績が赤字で、しかもその原因を把握できていないのであれば、誰もその経営者の語る内容を信じることはできないでしょう。

　経営者が会計という道具を活用して適時正確な財務情報を把握し、過去の意思決定や行動を反省し、数字で未来を語るスキルが必須になります。つまり、このような「財務経営力」とそれに裏づけられた「資金調達力」が必要なのです。

▶財務・非財務情報を自ら語れるか？

　よく「会計は会計事務所に任せているから」と言う経営者がいますが、その発言をした時点で経営者失格と考えなければなりません。

自社の実態について、財務数字をもとに**金融機関に語る主体は経営者**です。また、自社を今後どうしたいかを考え、行動するのは経営者自身であり、数字による現状分析や企業を取り巻く環境分析をもとに自社の方向性・ビジョンをつくり上げることができるのも経営者だけです。

　経営者には財務情報と非財務情報をもとに、金融機関などの外部利害関係者や協力者と対話できるという資質が求められます。

　お好み焼きチェーン店の千房は、創業時には担保となるものは何もなかったのですが、創業者の中井政嗣氏が日々詳細に記帳していた現金出納帳を当時の融資担当者が評価し、無担保・無保証で融資を実行したという話があります。

　これは、帳簿を適時正確に記帳することが、数字を語れる経営者になるために必要不可欠であり、そこが評価されたことを物語っています。常日頃から**適時正確な記帳を行い、適正な財務情報を作成しようという姿勢は、金融機関からも大いに評価される**ことです。

　数字を大切にしない経営者は数字に"逆襲"されます。経営改善や企業再生に携わった経験からいっても、赤字経営や倒産企業の経営者には数字を理解していないという共通項があります。

　経営者が数字を把握していれば、自分の意思決定と行動がどのように影響するかも判断できるようになり、より具体的に企業の未来を語れるようになるため、協力者も集まりやすいと考えられます。

▶金融機関との対話で新しい価値が生まれることも

　経営者が数字で語れると、金融機関との対話によって新たな価値を創造することも可能です。

　現在では、企業、金融機関、会計事務所の三者が決算時に同じテーブルでモニタリング会議を実施することなどを条件として、無担保・

無保証融資も行われるようになりました。

　ある企業では、金融機関も含めてモニタリング会議を行っていたところ、現在の敷地が手狭となり、数年後には移転をしたいという議題があがりました。投資額などをもとに簡単な中期経営計画を立案する過程で、次のような課題が浮かび上がってきました。

対話で浮かび上がった課題

●その投資額では、現状の売上高などでは返済が困難になること
●返済もまかなうためにはある程度の売上高が必要なこと
●その場合には、現状の製品や取引先では不十分であり、新規取引先の拡大が不可欠なこと

　モニタリング会議は、金融機関担当者にとっては、次のようなメリットもあります。

金融機関側のメリット

●早い時期から、融資先の未来の夢や目標を共有でき、融資についても事前に十分に検討できるので助かる
●場合によっては、新規の取引先を紹介できるかもしれない

　現在、**金融機関は、資金面だけでなく本業支援にも力を入れつつあります**。多くの人脈や取引先をもつ金融機関から、金融機関の視点で新規取引先の紹介などの本業支援をしてもらうことは大変心強いことです。

　このように金融機関との対話を通じて、新たな価値創造にもつながる可能性が出てきているのです。

日本でいちばん大切にしたい会社大賞

「日本でいちばん大切にしたい会社大賞」は、人を大切にする経営学会（会長：坂本光司氏）が、毎年主催している大賞です。

　人を大切にする経営学会のホームページでは「『人を幸せにする経営』。言葉にすることは簡単ですが、実践するのはとても難しいことです。本賞における「人」とは、1 従業員とその家族、2 外注先・仕入先、3 顧客、4 地域社会、5 株主の 5 者を指します。人を幸せにしていれば結果的に業績も上がるはずです。そんな大切な会社を 1 社でも増やしたいという思いで顕彰制度がスタートしました」として紹介しています。

　この賞への応募資格は、過去 5 年以上にわたって、以下の 6 つの条件にすべて該当していることです。

1. 希望退職者の募集や人員整理（リストラ）をしていない
2. 重大（死亡や重傷）な労働災害を発生させていない
3. 一方的なコストダウンなど理不尽な取引を強要していない
4. 障がい者の雇用率は法定雇用率以上である
5. 営業黒字で納税責任を果たしている（新型コロナウイルスの感染拡大の影響などによる激変を除く）
6. 下請代金支払遅延防止法などの法令違反をしていない

くわしくは、人を大切にする経営学会のホームページへ
https://www.htk-gakkai.org/

5 非常時に生き残れるだけの資金を蓄えよう

6カ月程度の売上に見合う資金を用意しておく

▶1円でも無理・無駄な支出を避ける

　今は非常時にある企業も多いかもしれませんが、平時にやっておくことについてもふれておきましょう。

　環境がよい平時は比較的戦略も当たりやすく、利益や資金もためやすいものです。この時点でもっとも重要なことは、儲かるからといって「無理・無駄な支出を行わない」ことに尽きます。**無理・無駄な支出を避け、1円でも多くため込むことに尽きる**のです。

　いつの時代でも、収入から支出を差し引いたものが資金残高になります。平時は、売上高も上げやすいので、売上の極大化を目指します。それは正しい行動ですが、それとあわせて支出の最小化を目指すべきなのです。

「無い袖は振れない」といわれるように、収入以上の支出はできません。支出を収入の範囲内で抑えることは、会社を守り、成長させるために、いついかなる時代でも通用するルールなのです。

▶自社が平時に必要な資金はどれだけか

　では、平時にどの程度の資金が必要なのでしょうか。

　それは、費用を変動費と固定費とに区分し、その他費用にならな

くても固定的に支出される借入金返済額などを加味すれば容易に算出できます。

ステップ1 変動費と固定費に分ける

　費用には、売上の増減に伴って増減する「変動費」とそうでない「固定費」があります。

　変動費には、製造業における材料費や外注費、卸売業や小売業における売上原価（商品仕入高）などがありますが、極論すれば、売上高が「０」であれば、変動費も「０」です。

　しかし、固定費である人件費（とくに正社員の人件費）や地代家賃などは売上高が増加したからといって、売上高に比例して増加するものではありません。逆に、減少したからといって、比例して減少するものでもありません。

ステップ2 非資金費用、資金の流出額を把握

　固定費の中には、減価償却費のように費用として扱うものの資金の流出がないものもあり、これを専門用語では「非資金費用」といいます。

　また、損益計算書上の費用にならなくても、資金として流出していく資金もあります。

非資金費用と資金の流出例

● 減価償却費（非資金費用）

● 借入金の元本返済額

● リース債務の支払額

● 生命保険の積立額

● 設備投資　　　など

出ていく

年間の資金流出額は、**固定費から非資金費用を差し引き、前述し
たような資金の支出金額を加えることで計算**することができます。

▶準備したい資金額をケーススタディで見てみよう

　以上の解説を簡単な設例で確認しておきましょう。

　なお、理解しやすいように、法人税等の税金は考慮しないものと
します。また巻末資料（270ページ参照）で解説するような運転資金増
減も考慮外とします。

　次ページ図表の設例によれば、固定費は 48,000（うち減価償却費
10,000）、借入金返済額などは 5,000 ですので、年間の資金流出額は、

　　48,000 − 10,000 ＋ 5,000=43,000

であることがわかります。

　これは当然ながら、売上高が 0 とした場合の資金流出額と一致し
ます。通常の年度であれば、この資金流出額は売上高とそれによる
限界利益の創出によってまかなうことになります。

　現状では限界利益が 60,000 創出されている（つまり、この額の資金流
入がある）ため、43,000 の資金流出があっても資金余剰（余裕額）と
して、17,000 が残ることになります。これを預金として残して備
えておくと安心です。

　もし、１年間コロナなどの影響で売上が立たなくても、この設例
でいえば、**約 43,000 の預金があれば、金融機関から借りなくて
もやっていけます**。

　これが平時における資金面でのダム経営です。

　もっとも、１年間売上が立たないというのは非現実的ですし、**最
大６カ月程度と考えれば、それに見合う資金を平時に用意しておく**
ことが重要なのです。

▶税金という資金流出も考慮に入れよう

　実際は、企業の利益には法人税等の税金が課税されます。

　現在の税率はおおよそ30%程度ですので、設例では、12,000の経常利益の30%である3,600が法人税等として資金流出し、資金余裕額は、17,000 − 3,600=13,400となります。

　いずれにせよ、**1年間に必要な資金流出額を平時（仮にこれを10年とすれば）の期間で割れば、1年間でため込むべき資金の額が確認できます。**

　もっとも、これは、企業規模が一定であることを前提にしていますので、それも考慮して1年間の資金余裕（余剰）とすべき額を決定していきます。

X社の事例

		現状	売上高0のとき
売上高	（A）	100,000	0
変動費	（B）	40,000	0
限界利益(A−B)	（C）	60,000	0
固定費	（D）	48,000	48,000
経常利益(C−D)	（E）	12,000	△48,000
減価償却費	（F）	10,000	10,000
借入金返済額など	（G）	5,000	5,000
資金余裕額(E+F−G)	（H）	**17,000**	△43,000

第 2 章

基礎知識編

資金調達の種類・ 方法などの「基本」を 押さえておこう

借入金、増資、クラウドファンディング、 補助金、助成金など、資金調達の基本を知る

1 借入金・増資など、資金調達方法と特徴を知ろう

自社に合った資金調達方法を選択する

▶資金調達先によって分類してみると？

資金調達方法には様々なものがあります。

代表的なものとして、金融機関から調達を行う「借入金」や株主から調達を行う「増資」があります。

そのほかにもプロの投資家から調達を行う「投資育成会社」や「ファンド」、最近では、一般の投資家などから調達を行う「クラウドファンディング」の方法も注目を集めています。

新型コロナウイルス感染症の影響で多くの事業者が活用したような国・地方公共団体などから調達を行う「補助金」や「助成金」といった方法もあります。

資金調達は、誰から集めたかによって次のように分類できます。

資金調達先による分類

- ●金融機関から　　　　　　→　借入金
- ●株主から　　　　　　　　→　増資
- ●プロの投資家から　　　　→　投資育成会社・ファンド
- ●一般の投資家などから　　→　クラウドファンディング
- ●国・地方公共団体などから　→　補助金・助成金

▶自社のライフステージに合った資金調達を考える

　資金調達方法も会社のライフステージ（創業期・成長期・経営改善期）によって以下のように変わってきます。

①創業期に合う方法

　民間の金融機関は、創業間もない実績のない会社に対しては返済が不確実と考え、融資には非常に消極的です。そのため創業期の会社では、政府系金融機関からの創業融資や創業補助金、クラウドファンディングなどによる資金調達が適しています。

　　例　創業融資、創業補助金、クラウドファンディング

②成長期に合う方法

　創業以降、毎期コツコツと黒字を積み重ねていくと、財務基盤も固まり、会社経営が安定してきます。そうした成長過程にある会社に対しては、金融機関も積極的に融資を行います。さらなる成長を目指す会社は、ＩＰＯ（株式を証券取引所に上場）による資金調達を考えるのもよいかもしれません。

　　例　金融機関借入金、ＩＰＯ、クラウドファンディング

③経営改善期に合う方法

　事業が順調にいかず、赤字が続くと財務基盤が脆弱化し、資金繰りも苦しくなり、借入金の返済が滞るおそれが出てきます。

　そうした場合には、**返済が滞る前に金融機関に相談し**、現状の借入金の返済金額や返済期間の見直し（リスケジューリング）を行い、悪化している資金繰りの改善に努めましょう。

　また、一時的に債務超過に陥っているが、将来性があり、経営改

善の見通しがある場合には、後述する資本性借入金による資金調達も検討すべきでしょう。

　　例　借入金のリスケジューリング、資本性借入金

▶債務超過であっても融資可能な借入金も！

　債務超過に陥っている会社は、財務内容に問題があると判断されるため、融資が受けにくくなります。債務超過解消のためには、利益を継続して上げ続けるか、増資をして解消するしかありませんが、いずれも中小企業にとっては難しいところがあります。

　しかし、**一時的に資本不足に直面しているが、将来性があり、経営改善の見通しがある企業**にまで、画一的に融資をしないという判断をしてよいものではないはずです。

　そこで、こうした債務超過に陥ってしまった会社に対して、借入金でありながら資本とみなす「資本性借入金」というものがあり、金融庁でも、積極的な活用を推進しています。

　資本性借入金のメリットは、2つあります。

　ひとつは、**金融機関が会社の財務状況などを判断する際に、負債ではなく資本とみなすことができる**点です。資本性借入金の額は、実質債務超過額の範囲で行われますので、債務超過の解消をはかれ、金融機関からの融資を受けられるようになることが期待されます。

　2つめは、資本性借入金は、**原則として期限一括償還であり、月々の支払いは利息のみ**となるため、借入金の返済というキャッシュ・アウトが猶予され、その分**資金繰り改善に効果がある**点です。

　資本性借入金の代表的なものとして、日本政策金融公庫の挑戦支援資本強化特例制度があります。詳細は日本政策金融公庫のホームページを参照ください。

▶調達資金が決算書のどこに記載されるかは重要

資金調達をした結果、会計にどのような影響を与えるのか、つまり、**貸借対照表や損益計算書のどこに表示されるようになるのか、を理解しておくことは非常に大切**です。

なぜなら、同額の資金を調達した場合でも、決算書に表示される場所によって、決算書の見え方がよくなったり、悪くなったりし、**金融機関などの利害関係者に与える影響も変わってくる**からです。見え方がよくなれば、次の資金調達もスムーズに進む可能性が高まります。

決算書の見え方は、一般に、利益や純資産が増加すればよくなり、損失や負債が増加すれば悪くなります。これは巻末資料にも示した「純資産比率」の考え方によるものです（254ページ参照）。**純資産比率は、総資産**（貸借対照表の「資産の部」の「合計」）**に占める純資産の割合を示すもので高いほうがよい**とされています。

次の事例をもとに検証してみましょう。借入れで 500 調達した時と増資で 500 調達した時では、純資産比率はどうなるでしょう。

資金調達前の貸借対照表

資産の部		負債の部	
		負債	700
資産	1,000	純資産の部	
		資本	300
合計	1,000	合計	1,000

資金調達**前**

純資産比率
30%
(300÷1,000)

借入金で資金調達後の貸借対照表（借入金 500）

資産の部		負債の部	
		負債	**1,200**
資産	1,500	純資産の部	
		資本	300
合計	1,500	合計	1,500

借入金＋500

純資産比率
20%
（300÷1,500）

増資で資金調達後の貸借対照表（増資 500）

資産の部		負債の部	
		負債	700
資産	1,500	純資産の部	
		資本	**800**
合計	1,500	合計	1,500

増資＋500

純資産比率
53.3%
（800÷1,500）

▶ケース別で「決算書の見え方」を確認しておこう

　会計に与える影響を、資金調達方法によって分類すると以下のとおりとなります。

ケース1 借入金や私募債の時　→悪

　借入金や私募債などによって資金を調達した場合は、貸借対照表の負債が増加するため、決算書の見え方は悪くなります。

ケース2 増資の時　→良

　増資をして自己資本を増やした時は、貸借対照表の純資産が増加しますので、決算書の見え方はよくなります。

ケース3 クラウドファンディングや助成金の時　→良

　クラウドファンディングや補助金・助成金によって資金調達をした時は、**損益計算書の営業外収益が増加**しますので、決算書の見え方はよくなります。しかし、増加した分だけ法人税等の支払いが増える場合があります。

　これは、固定資産取得に係る補助金を税務上「圧縮記帳」という処理をしない場合です。

　たとえば、100 の補助金を受けた場合、法人税率が 30％とすれば、30 が法人税等の負担となります。そのため、実際に使うことのできる補助金は 70 に下がり、固定資産の取得を目的として支給した補助金の目的が達成できない結果となってしまいます。

　そこで、補助金と同額の 100 を損益計算書上で圧縮損として損失計上するか、株主資本等変動計算書（貸借対照表の純資産の部の前期末から当期末に至る増減理由を明らかにするもの）上で圧縮積立金を計上して補助金受領時に一時に課税される税金を繰り延べることで、固定資産の取得という補助金の目的を達成できるようにするのです。

　ちなみに、圧縮損を計上する場合は、同時に固定資産の取得原価を 100 減らし（直接減額方式）、圧縮積立金を計上する場合は、繰越利益剰余金を 100 増やします（積立金方式）。

　なお、補助金額を固定資産の取得原価から直接減額した場合は取得した固定資産の取得原価も減額になり、その結果、以降の減価償却費も減額され、その分課税される所得金額は大きくなります。そのため、圧縮記帳により税金の納付は繰り延べられることになるのです。

2 運転資金・設備投資資金を 調達する時の注意点

月々の返済額と返済能力を事前に確認しよう

　会社が借入れを行うのは資金が不足するからですが、そもそもなぜ会社の資金が不足するのかということを経営者がしっかり把握しておくことが不可欠です。

　不足する理由によって資金使途が異なり、融資を受ける金額・融資の期間・返済の原資・返済の仕方が変わってきます。

　そのため、簡便な方法（75 ページ参照）でもいいので、**経営者が自社の資金繰りや必要運転資金をしっかり把握しておくこと**が大切になります。

　間違っても、回収までに長期間を要する設備投資資金を、短期間で返済する手形貸付などで調達しないようにしましょう。

▶ 「運転資金」は本業の稼ぎで返せる範囲内で

　運転資金とは、商品を仕入れてからその商品を販売し、現金を回収するまでの時間的なズレを補うのに必要な資金をいいます。

　商品を販売して代金を回収するまでは、会社に現金が入ってこないため、仕入代金や人件費をはじめとした会社の経費を支払うことができません。

　そうなると、資金不足により、会社の経営が成り立たなくなってしまいます。

　それを防ぐための資金が運転資金です。

☑ **返済能力を確認しよう！**

運転資金の返済原資は、商品の販売と売上債権の回収によって取得した代金です。

そのため、**不良在庫や不良債権が発生していないかを定期的に確認**していくことが大切です。

不良在庫の発生により販売できない事態や、不良債権の発生により販売代金を回収できない事態が発生した場合には、運転資金の返済原資が入ってこないため、金融機関に対する返済ができなくなってしまいます。

▶ 「設備投資資金」は採算がとれるかを確認

設備投資資金とは、会社が自ら使用する目的で保有する不動産、機械装置、自動車などの比較的多額の設備を購入する際に必要となる資金をいいます。

設備投資は、必要以上に過大な投資を行ったり、業績予測が不十分であったりするために、投資に見合う利益を上げることができないと、**最悪の場合には、設備投資が原因で会社が倒産してしまうという大きなリスク**をもっています。

金融機関では、将来にわたる不確定な要素まで織り込んで審査する必要があるため、**設備投資計画書の中身を吟味し、採算や受注見通しが甘いものになっていないか、計画そのものの妥当性を判断**します。

そのため、設備投資資金の融資審査は、運転資金の融資審査とは異なった観点で、かつ厳しいものになります。

☑ **返済能力を確認しよう！**

設備投資資金は運転資金とは異なり、借入金額が多額で返済期間

も長期にわたるため、本業の稼ぎである営業利益で短期的に返済を行うのではなく、会社の営業外活動も含めた最終的な利益である**当期純利益で長期間にわたって返済していくもの**です。

設備投資資金の返済原資は、設備投資後の「税引後当期純利益＋減価償却費」となります。

設備投資資金については、営業外利益から融資利息などの営業外費用や税金などの費用を控除した税引後当期純利益と現金支出を伴わない費用である減価償却費との合計額が、毎月の借入金返済額を超えていることを確認しましょう。

返済額は、この範囲内に抑える必要があります。

この範囲か
チェック

毎月の返済額 ＜ 税引後当期純利益＋減価償却費

そう考えると融資額は、作成した設備投資後の経営計画書を確認して、「（税引後当期純利益＋減価償却費）×設備の耐用年数」の範囲を超えないように融資を受けることが大切です。

この範囲か
チェック

融資額 ＜ （税引後当期純利益＋減価償却費）×設備の耐用年数

▶賞与資金、納税資金などの定期的な資金では

運転資金や設備投資資金以外に、会社では、定期的に賞与資金や納税資金が必要となる場合があります。

その際の融資方法としては、一般的に**期間6カ月の手形貸付による場合が多い**です。

納税資金の融資について注意したい点は、法人税は融資対象となっても、**消費税と源泉所得税は融資対象とならない**ことです。

法人税は利益に対して課される税金ですが、利益が計上されていても売掛金や在庫となっており、まだ現金化されていないことがあります。

現金が将来入ってくる予定があっても、それより先に税金を納付しなければならないため、運転資金と類似しているものとして金融機関では融資対象と考えます。

一方、消費税は消費者から預かって、会社が代わりに国に納税するものです。消費税を納税する資金がないということは、預かっている消費税を流用したことになります。流用したお金の補てんは融資対象とはなりません。

源泉所得税（給料から天引した所得税）も従業員などから預かっている税金であるため、消費税と同じ理由で融資対象とはなりません。

といっても、現実的には、消費税を事業資金に使用してしまっている会社は多いです。

そこで、融資は、**納税資金としてではなく、運転資金として申込みを行うケースが多いです**。

まずは資金不足の原因をしっかり把握しよう

3 中小企業でよく使われる 3つの融資を押さえる

保証協会付き融資、プロパー融資、制度融資がある

　金融機関からの融資には様々な種類がありますが、とくに中小企業で多く利用されている３つの融資について説明します。

▶借りやすさでは「保証協会付き融資」

　保証協会付き融資とは、会社が万一、**返済不能の状況に陥った場合に、信用保証協会が金融機関に「立て替え払い」をしてくれる**という特徴をもつ融資です。信用保証協会は、中小企業が金融機関から融資を受ける際に、保証人となって融資を受けやすくなるようにサポートをする公的な機関です。会社は、保証の対価として信用保証協会に**一定の保証料を支払います**。

　保証協会付き融資は、通常、金融機関を通じて申し込みます。申込みを受けた信用保証協会は、会社の事業内容や経営計画などを検討し、保証を行うか否かの決定をし、金融機関にその結果を連絡します。金融機関では、信用保証協会からの保証承諾後、審査を行い、貸付けを実行するか否かの決定をし、会社へ融資を行います。

▶融資の迅速さを求めるなら「プロパー融資」

　プロパー融資とは、金融機関が独自でリスクを負って行う融資です。信用保証協会の後ろ盾もないため、万が一、会社が融資を返済

できなくなった時には、金融機関は自ら回収を行い、それでも回収が困難となった場合には貸し倒れとなり、大きな損害を被ってしまうこととなります。

　金融機関としては**リスクが高いため、プロパー融資には非常に慎重**になります。会社に対しては、代表者の保証にとどまらず、不動産などを担保として要求してくることも多いです。

　一方で信用保証協会への保証料の支払いがないため、**融資関連費用は低く抑えることができます**。

　また、プロパー融資では、審査が金融機関だけで終わるので、融資の実行のスピードは保証協会付き融資や制度融資よりも早くなっています。

▶融資関連費用を抑えたいなら「制度融資」

　制度融資とは、都道府県や市区町村などの地方自治体が、管轄する地区の中小企業をサポートすることを目的として行う融資です。

　その内容や融資条件は自治体によって異なります。

　制度融資の申込みは、金融機関で行います。申込みを受けると、自治体担当者が自治体の設定している融資基準を満たしているかの審査を行い、融資基準を満たしている場合には、金融機関・信用保証協会で審査を受けます。

　融資が受けられる場合には、金融機関から会社へ融資が実行されます。

　金利や保証料の一部または全部を自治体が負担または補助してくれるため、上記２つの融資に比べ金利や保証料などの融資関連費用を低く抑えられます。

　ただし、自治体・金融機関・信用保証協会の３カ所で審査を行うため、**融資実行までに時間がかかります**。

	保証協会付き融資	プロパー融資	制度融資
融資の難易度	**低い**	中	高い
融資までの時間	中	**早い**	遅い
融資関連費用	高い	中	**安い**

それぞれの特徴を
押さえよう

▶手形貸付、証書貸付、当座貸越の特徴は

　融資の方法には、手形貸付、証書貸付、当座貸越という３つがあります。

①１年以下の短期で貸し付ける「手形貸付」

　手形貸付は、会社が銀行に対して約束手形を振り出して融資を受ける方法です。

　１年以下の短期間の借入れの際に利用されることが多く、証書貸付や当座貸越に比べて**融資を受けやすい**という特徴があります。比較的短期間で融資を受けることができます。

　一方で、手形貸付は１年以上の長期間の借入れはできないため、短期的にお金が必要な場合に向いている融資方法です。

②１年以上の長期で貸し付ける「証書貸付」

　証書貸付は、金融機関との間で融資の具体的な条件が記載された金銭消費貸借契約書を交わして融資を受ける方法です。

　証書貸付による融資は、**１年以上の長期間の借入れ**の際に利用されることが多く、手形貸付や当座貸越に比べて多額の融資を受けることができます。

　一方で、長期間の融資となるため、**融資を受ける際の審査が厳しく**、手形貸付や当座貸越に比べ、融資実行までに時間がかかります。

③限度額まで**自由に借入れ**できる「当座貸越」

　当座貸越は、当座預金の残高を超えて手形や小切手を振り出した場合に、一定限度額までであれば、金融機関が立替払いをするという方法です。

　当座貸越による融資は、急に資金が必要になった場合でも、**一定限度額に達していない限り審査は不要**で、いつでも自由に借入れができるため、非常に使い勝手がよい融資方法です。

　一方で、金融機関にとっては、資金使途が不明で貸付期間も長期間に及ぶことから、貸倒れとなるリスクも高く、すべての会社に実行できる融資方法ではありません。財務内容が健全で安定した経営を行っている会社に対して実行できる融資方法です。

4 金融機関への融資申込みまでの流れと注意点

借入れの前に必ず自社の状況を確認しよう

▶もっとも大切なのは申込み前の自社分析

　金融機関から借入れを行う場合、実は金融機関へ申込みを行う前の自社分析が一番重要となります。この段階における自社分析と事前準備が融資を受けることができるか否かを左右します。

　具体的な申込みの流れは以下となります。

```
┌─────────────────────────┐
│ ❶資金繰りと運転資金の現状を把握 │
└─────────────────────────┘
              ↓
┌──────────────────────────┐     目標達成のための利益水準
│ ❷中期利益計画を策定（5章参照）  │     を把握
└──────────────────────────┘
              ↓
┌──────────────────────────┐     目標達成のための資金調達
│ ❸中期資金計画を策定して       │     額と返済条件を把握
│   中期経営計画を完成（5章参照）  │
└──────────────────────────┘
              ↓
┌──────────────────────────┐
│ ❹金融機関へ融資を申し込む      │
└──────────────────────────┘
```

▶まずは自社の資金繰りと運転資金をチェック！

　金融機関からの資金調達を考える前にまずしなければならないのは、自社の資金繰りと必要運転資金の状況を把握することです。

①資金繰りのチェック方法

　直近の決算書または試算表から実際に自社の資金繰りの状況を簡易的に確かめてみましょう。次の算式に自社の数字をあてはめて、計算結果がプラスになるか、マイナスになるかをチェックします。

> **資金繰りチェックの計算式**
> **経常利益＋減価償却費－借入金返済額**
>
> マイナスなら
> 資金不足

●上記計算結果がプラスの場合

→借入金を返済したあとでも会社に資金が残っている状況です。現時点では、資金繰りに問題はありません。

●上記計算結果がマイナスの場合

→会社の資金が不足している状況です。資金繰り改善のための行動をとる必要があります。

②運転資金のチェック方法

　次に、必要運転資金の状況を簡易的に確かめてみます。先ほどと同様に、次の算式に自社の数字をあてはめて、計算結果がプラスになるか、マイナスになるかをチェックします。

> **運転資金チェックの計算式**
> **売掛債権＋棚卸資産－買掛債務**
>
> プラスの金額が
> 必要運転資金

●上記計算結果がプラスの場合

→その金額が必要となる運転資金の金額です。

●上記計算結果がマイナスの場合

→現時点では、運転資金に問題はありません。

▶会社規模・業歴などに合った金融機関を選ぶ

融資を申し込む金融機関については、**自社の会社規模、業歴、財務状況などを総合的に勘案**して、自社に合う金融機関を選択することが大切です。金融機関は、大きく次の2つに分類されます。

> **金融機関の種類**
> ①**政府系金融機関**…日本政策金融公庫、商工組合中央金庫
> ②**民間金融機関**……メガバンク、地方銀行、信託銀行、信用金庫、信用組合など

①政府系金融機関……低金利で融資が受けやすい

政府系金融機関は、国の経済や産業の発展、国民生活の安定を目的として事業を行うため、民間金融機関に比べて低金利で、審査が緩く融資を受けやすいという利点があります。さらに、民間金融機関ではリスクが高く融資しづらいような、創業後間もない企業への創業支援融資など、様々な制度融資を設けています。

②民間金融機関……利益追求型と相互扶助型

メガバンク・地方銀行などは、株式会社であり、株主の利益が優先されるため、利益を追求する経営が基本姿勢になっています。

それに対して、信用金庫・信用組合は、預金者が出資者となり、互いに地域の繁栄をはかる相互扶助を目的としています。

経営目的の違いから、地域密着型の経営スタイルをとる**信用金庫・信用組合のほうが中小企業への融資には向いており**、実際多くの中小企業が信用金庫・信用組合からの融資を利用しています。

	政府系 金融機関	信用金庫・ 信用組合	都市銀行・ 地方銀行
融資審査	**通りやすい**	中	通りづらい
金利	**低い**	高め	中
融通 （審査が形式的か）	中	**利きやすい**	利きづらい

自社に合った
金融機関を選ぼう

BANK

基礎知識 編

▶ 「資金が必要になった時点では遅い」と知ろう

　融資を申し込むタイミングは、**資金が必要になった時点では遅い**です。融資の申込み後、金融機関では稟議書の作成や審査を行うため、融資の実行までに一定の時間が必要となります。資金が必要な時点で金融機関に融資を申し込んでも、すぐには実行されません。

　資金が必要になるとわかっている場合には、早めに金融機関担当者へその予定を伝えておくとよいでしょう。

　また、ふだんから自社の業績を定期的に金融機関に知らせておくことで、審査の期間が短縮される可能性もあります。

5 金融機関の視点を知って、融資をスムーズに受けよう

融資が終わったあとの信頼関係づくりも大切

▶金融機関の「稟議書」に合わせて資料を作成

　融資を受ける際に、金融機関がどのような視点で会社を見ているのかを知ることは非常に大切です。会社が金融機関に対して、必要な情報を的確に提供することができれば、融資が実行される確率が高まり、融資実行のスピードも速くなります。

　融資審査の際にもっとも重要なのが、「稟議書」です。稟議書は、融資の申込みを受けた際に、金融機関の担当者が作成する書類で、支店内の融資関係者に回覧されたのち、最終的に支店長がその稟議書の内容から融資の是非を判断し、決裁を行います。

　この稟議書に記載される項目には、「資金使途」「融資金額」「金利」「返済方法」「保全」などがあります。会社側がこれらの項目に関する資料や情報を的確に提供できれば、金融機関担当者は稟議書を作成しやすくなります。

　そこで、融資を受ける際は、事前に次ページ表の事項について明確にし、資料を準備しておきましょう。

　金融機関も融資を受ける会社と同じように、収益を増加させるための事業計画書を作成しています。そして、その計画を達成するために現場の営業店や担当者にノルマを課し、融資残高や預金残高を増加させようと日々努力しています。

事前に明確にしておきたい４つのこと

（吹き出し）稟議書の内容と合わせよう

① 「資金使途」について

　　何の資金不足を補うために融資を受けるのか？

　　運転資金か、設備投資資金か、賞与・納税資金か

② 「融資金額」についての資料 （いくら不足するか）

　　●運転資金の場合→**準備資料：直近の試算表**

　　　売掛債権＋棚卸資産−買入債務で金額目安を計算

　　●設備投資資金の場合→**準備資料：設備投資後の経営計画書**

　　　（税引後当期純利益＋減価償却費）×設備の耐用年数で金

　　　額目安を計算

③ 「返済方法」についての資料 （返済期間）

　　●運転資金の場合→**準備資料：資金繰り表**

　　　売掛債権回収のタイミングに合わせる

　　●設備投資資金の場合

　　　→準備資料：設備投資後の経営計画書・資金繰り表

　　　長期間 （理想は設備の耐用年数）

④ 「保全」 （担保） についての資料

　　→準備資料：担保提供予定の不動産の謄本

　　　保有する不動産でまだ担保提供していないものの確認

基礎知識 編

　金融機関もどんどん融資を行いたいというのが本音ですが、低金利で収益が少ないのに、貸したお金が返ってこないとなると、多額の損失が発生して、収益を増加させるどころではなくなってしまいます。さらに、稟議書を作成した担当者や、その融資の決裁を行った支店長などに対する責任問題が生じることもあります。

　そのため、会社側では融資に先立って、上表①〜④を明確にし、**金融機関側の不安を取り除く**ことが大切になってきます。

▶融資「後」の信頼関係づくりにも力を入れよう

　融資が無事に実行され、希望の資金調達ができると、経営者の多くは、「もうこれでおしまい。あとは毎月返済だけしっかりしていけばよい」と考え、金融機関との関係も、次回融資を依頼する時まではないと考えてしまいがちです。

　しかし、金融機関との信頼関係づくりは、実は融資実行後から始まります。**融資実行後にしっかり金融機関との信頼関係づくりをしておくことが、次のスムーズな資金調達につながります。**

　では、金融機関との信頼関係を構築していくためには、どのようなことをすべきでしょうか。具体的には次の2点です。

信頼関係づくりに必要なこと

①正確な試算表を適時に提出できる
②経営者自身が数字を把握し、自分の言葉で説明できる

　それぞれの項目について説明していきましょう。

①正確な試算表を適時に提出できる

　金融機関は、前述のとおり、「融資したお金を本当に返してもらえるのか」ということを常に気にしています。そのため担当者は、融資したお金が約束どおりの資金使途で使われているのか、会社の業績は順調に推移しているのか、返済ができる資金繰りの状況なのか、ということを常に把握しておきたいと思っています。

　そこで、金融機関の担当者から試算表の提出を求められた際には、すぐに提出できる体制を社内に構築しておくことが大切です。

　具体的には、経理担当者に毎月適時に会計入力をするように指示

し、前月分の試算表を翌月の 10 日以内には経営者に提出できる体制づくりを行います。さらに試算表の正確性にも注意が必要です。せっかく提出した試算表がいい加減なものであれば、金融機関の誤解を生じさせたり、不信感を与える結果となってしまいます。

　それを防ぐためにも、正確な月次決算を行えるように、毎月以下の事項も盛り込んだ試算表をつくれるようになることが大切です。

正確な試算表をつくるには？

●収益・費用は現金主義ではなく、発生主義で計上する

●毎月月末に在庫を確認し、棚卸高の計算をする

●毎月減価償却費や賞与引当金を計上する

---

②経営者自身が数字を把握し、自分の言葉で説明できる

　経営者は、毎月経理担当者から提出される月次試算表を確認し、しっかりと自社の状況を把握することが大切です。具体的には、次の項目を社長自身が説明できるのか確認してください。

この数字、説明できる？

□売上高が目標や前年同月と比較して
　増加または減少している原因は何か

□限界利益率が目標や前年同月と比較して
　増加または減少している原因は何か

□固定費が目標や前年同月と比較して
　増加または減少している原因は何か

チェック

　会社の業績をよくする方法は、「売上高を上げる」「限界利益率を上げる」「固定費を下げる」の３つしかありません。

そのため、**業績に直結する前記３項目を経営者自身がしっかり把握**し、金融機関担当者から質問された際には、その原因を自分の言葉で説明できることが非常に重要です。経営者からそうした対応を受けると担当者も安心し、会社と金融機関との信頼関係はますますよくなっていきます。

▶金融機関は決算書のどこをチェックするのか

借入れをしている会社は、決算が終わると金融機関から決算書の提出を求められます。

毎月の試算表は年の途中経過を示す資料なのに対して、決算書は１年間の最終的な業績を示す資料であり、税務申告にも使われているため、毎月の試算表よりも会社の業績を正確にあらわすものとして金融機関は非常に重要視しています。

では、金融機関は提出された決算書のどこを見て、何を確認しているのかというと、次の項目などです。

①「貸借対照表」でチェックする内容

貸借対照表については、まずは**「純資産」を見て債務超過になっていないのか**を確認します。債務超過の場合、資産よりも負債が多いという状況ですので、返済が滞る可能性が非常に高いからです。

次に、決算書と一緒に提出される「勘定科目内訳書」で、その詳細を確認していきます。負債項目を見て、**自分のところ以外の金融機関からの借入れがいくらあるのかを確認**し、借入残高と売上高などを比較して、借入金額がその会社にとって適正な額なのかを確認します。

そのほかにも**売掛債権で長期滞留しているものはないか**などの確認も行います。

② 「損益計算書」でチェックする内容

　損益計算書を見ていく際、多くの方は一番上に表示される「売上高」から順に見ていき、会社の業績を把握していきます。

　しかし、金融機関の場合は逆で、**一番下の「当期純利益」から遡って業績を見ていく**ことが多いです。借入金の返済可能性を一番に重視する金融機関にとっては、当期純利益が黒字なのか赤字なのかがまずは重要です。赤字の場合、資金繰りが厳しく返済が滞る可能性が黒字の会社よりも圧倒的に高いからです。

　次にその**利益が本業から得られた利益なのか**、それとも営業外活動で得られた利益なのか、利益の内容を見ていきます。営業外活動からの利益を含む経常利益よりも本業での利益を示す営業利益のほうを重視します。

　そのため、経常利益は黒字でも営業利益は赤字という会社より、営業利益も経常利益も黒字の会社のほうが、金融機関の印象はよくなります。

　決算報告の際には、**決算の内容以外にも今後の事業の予定を伝えることも重要**です。

　決算書はすでに過去の数字です。金融機関としては、過去を把握したあとは、今後会社がどのような事業展開をしていく予定なのかという点に興味があります。

　会社の業績はよくなっていくのか、それとも悪くなっていくのか、という点は担当者として把握しておきたいところです。

　とくに悪くなっていく場合には、借入金の返済が滞るおそれがありますので、その詳細を聞いてきます。

　そうした場合には、あらかじめ作成してある**経営計画書を担当者に渡して、丁寧にその内容を説明すると、担当者の不安感や要らぬ誤解を払拭**できます。

基礎知識編

6 増資のメリットとデメリットを知っておこう

デメリットは、議決権と税制面にある

▶メリットは返済不要の資金であること

　増資による資金調達の**メリットは、返済不要の資金を手に入れられること**です。将来のキャッシュ・アウト額を確実に抑えることができますので、たとえば多店舗展開を意図している小売業者や飲食業者が設備投資資金を調達する場合には、増資は有効です。

　増資の**デメリットは、主に議決権と税制面にあります**。

▶議決権の過半数を維持できるようにしよう

　株式には、会社から配当を受け取ることを目的とする自益権と会社の経営に参画する共益権があります。

　なかでも、共益権は会社の経営に参画する権利であるため、増資をして第三者が株主として会社に入ってくると、オーナー一族の権利が脅かされる事態となりかねません。

　増資を行う際には、**オーナー一族で議決権の過半数**（できれば、株主総会の特別決議要件の3分の2以上）**を維持できる範囲内で増資を行う**ことが重要です。

　そうすると、増資後も会社法に定めるおおよその意思決定はオーナー一族で可能となります。

▶税金面で不利になる「4つのこと」

　税制面では、以下の4つのデメリットがあります。

その1　「贈与税」がかかる可能性に注意

　第三者割当増資をした場合は、贈与税がかかることがあります。この点を見落としてしまうケースが非常に多いため、具体的な事例で説明しましょう。

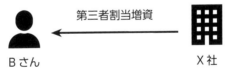

事例
- ●X社の資本金　　　　　　10万円
- ●発行済株式数　　　　　　1株（Aさん所有）
- ●増資時点の利益剰余金　　40万円
- ●第三者割当増資（Bさん）　1株10万円で引き受けてもらう

第三者割当増資

Bさん　　　　　　X社

　増資をした場合は、新たな払込金額を全額資本金とするのが原則です。X社では全額を資本金に組み入れ、増資後の純資産は60万円（資本金10万円＋利益剰余金40万円＋増資による払込金額10万円）となりました。

　このケースを1株当たり純資産で見てみましょう。

　すると、増資前には10万円（10万円÷1株）だったX社の**1株当たり純資産が、増資後には30万円**（60万円÷2株）**と、3倍**になっています。

基礎知識 編

会社法上、株主は持株数に応じて会社の純資産をもつとされますので、この増資によって、**Bさんはわずか10万円の出資で30万円の価値を手に入れたことに**なります。

　そこで、税務上は、現在の価値30万円と出資額の10万円との差額20万円を、AさんからBさんへの贈与とみなして、贈与税の対象とするのです。この事例からもわかるように、第三者割当増資を行う際には、第三者にいくらで出資を引き受けてもらうのかが、とても重要になってきます。

その2 「均等割」が増える可能性に注意

　2番目の注意点は、均等割です。均等割は、法人都道府県民税・法人市町村民税の課税制度で、**税額が会社の資本金等の額** (資本金と資本積立金) **と従業員数によって決定**されます。

参考　東京都の均等割額区分表（抜粋）

Ⅰ表 （東京都都税条例第106条）
特別区内のみに事務所等を有する法人
・2以上の特別区に事務所等を有する場合は、主たる事務所等所在の特別区の均等割額に、従たる事務所等所在の特別区の数に応じた均等割額を加算します。

（年額、単位：円）

法人の区分等			主たる事務所等が所在する特別区 （道府県分＋特別区分）		従たる事務所等が所在する特別区 （特別区分）	
			特別区内の従業者数	均等割額	特別区内の従業者数	均等割額
公共法人、公益法人等　など			—	70,000	—	50,000
上記以外の法人	資本金等の額	1千万円以下	50人以下	70,000	50人以下	50,000
			50人超	140,000	50人超	120,000
		1千万円超～1億円以下	50人以下	180,000	50人以下	130,000
			50人超	200,000	50人超	150,000
		1億円超～10億円以下	50人以下	290,000	50人以下	160,000
			50人超	530,000	50人超	400,000
		10億円超～50億円以下	50人以下	950,000	50人以下	410,000
			50人超	2,290,000	50人超	1,750,000
		50億円超～	50人以下	1,210,000	50人以下	410,000
			50人超	3,800,000	50人超	3,000,000

自治体の行政サービスを受けている以上、その一部を負担してもらおうということから、**赤字であっても課税される**税金です。増資により資本金を増加させると、現状の均等割額よりも増加してしまうおそれがあります。

　増資を行う際には、会社の所在する都道府県や市区町村のホームページで均等割額の区分をあらかじめ確認しておくとよいです。

その3 外形標準課税の対象になる可能性に注意

　外形標準課税とは、資本金（「資本金」のみで資本金等ではありません）が1億円を超える会社に対して課される法人事業税の課税制度です。報酬・給与額、純支払利子（支払利子から受取利子を差し引いた額）、純支払賃借料（支払賃借料から受取賃借料を差し引いた額）から構成される付加価値に対して課税されます。

　均等割と同様に、**赤字であっても、税負担が発生**する点に注意が必要です。具体的には、下記事例を参考にしてください。

事例：東京都の場合

- ●普通法人X社の資本金　　1億5,000万円
- ●報酬・給与額　　　　　　2,000万円
- ●純支払利子額　　　　　　100万円
- ●純支払賃料　　　　　　　200万円
- ●単年度損益　　　　　　　△1,000万円

> 税金が約95万円増えた！

外形標準課税の税額 = 1億5,000万円 × 0.525%（資本割の税率） + （2,000万円 + 100万円 + 200万円 + △1,000万円）× 1.26%（付加価値割の税率）= 95万1,300円

中小企業税制が不適用になる可能性に注意

　中小企業税制には、**法人税の軽減税率、欠損金の繰越控除の特例、交際費等の損金不算入制度の特例**など、様々なものがあります。

　しかし、増資により資本金が1億円を超えると、中小企業税制の特例が受けられなくなってしまいます。

　そこで、資本金が1億円を超える場合には、こういった不利益が生じることも考慮して、増資を行うことが重要です。

中小企業税制の例

①法人税の軽減税率

　資本金1億円以下の法人の年800万円以下の所得金額に対する法人税率を軽減する特例

②欠損金の繰越控除

　会社の前期以前に生じた欠損金額のうち一定のものを当期の所得金額から控除することができる特例

③交際費等の損金不算入制度の特例

　会社が支出した交際費等のうち、年800万円以下の交際費等の全額を損金算入か、接待飲食費の50%の損金算入の選択適用ができる特例

有利！

この借入金は、いったいどこから

金融機関からの借入れがしづらい中小企業では、社長個人が会社へ自分のお金を入れて運転資金などにあてることが多いです。

社長個人からの借入金。多くの中小企業では、貸借対照表の「借入金」の中に含まれています。

先日、不動産賃貸業を行っているお客様から、店子の信用調査の一環として、「この会社の財務状況はどうですか？」と、ある会社の決算書について相談を受けました。

借入金の金額が大きかったので、勘定科目内訳書でその中身を確認してみると、借入金のすべてが、その会社の社長からの借入金。そこで、社長の役員報酬の金額も見てみると、毎月10万円と少ない。しかも、社長の収入はこの会社のものしかないとのこと。「いったいこの借入金のお金はどこから調達してきたのだろうか？？」

こうした時に、まず疑われるのは、「売上の除外」です。

本当は会社の売上はもっとあるのに、その売上の一部を隠して社長個人がもらい、そのお金を再び社長からの借入金として会社へ戻すという方法です。こうした会社に税務調査が入った場合、税務調査官はまず脱税を疑います。

会社の資金繰りのために、必死で資金を調達してくることは大切です。しかし、こんな調達の仕方は絶対にいけません！

7 クラウドファンディングの やり方を押さえよう

新たな方法での資金調達にもチャレンジ!

▶融資が厳しい新規事業でも活用度大！

　クラウドファンディングとは、インターネットを通じて不特定多数の人に資金の提供を呼びかけ、その呼びかけに賛同してくれる人たちから資金を集める資金調達の方法です。

　クラウドファンディングなら、会社の大小を問わず、プロジェクトを立ち上げることができるため、**中小企業が新たな市場開拓や新規事業の立上げを目的に活用する事例が増えています**。

　新たな市場開拓や新規事業の立上げは不確実性が高く、リスクも大きいため、多くの中小企業は、そこに踏み込むことに躊躇していました。

　また、金融機関も融資を行うことに非常に消極的になります。

　その点、クラウドファンディングなら事業に賛同してくれる人たちから資金を集めることができるため、その目的に向かって徐々に進んでいくことができます。

▶購入型・金融型・寄付型の３つの方法がある

　クラウドファンディングには大きく分けて次の３つの方法があります。

購入型クラウドファンディング

　購入型クラウドファンディングは、出資者が物品や権利を購入することで、プロジェクトを支援するやり方です。**出資に対してモノやサービスといったリターンを提供**します。

　資金調達の方法は２種類あります。

　ひとつは、募集期間内に目標金額に達成した場合にのみ資金を受け取ることができる「**All or Nothing（オール・オア・ナッシング）型**」と呼ばれる方法です。１円でも目標金額に達成しない場合には資金を受け取ることができません。

　もうひとつは、募集期間内に目標金額に達していなくても、期間内で集まった支援金を受け取ることができる「**All In（オール・イン）型**」と呼ばれる方法です。

金融型クラウドファンディング

　金融型クラウドファンディングは、プロジェクトに対して**投資や融資という形で支援**を行うやり方です。

　具体的には、支援する会社に融資をして支援者は定期的に金利を受け取る仕組みの「**融資型**」、プロジェクトに対して出資してプロジェクトが生んだ利益に応じて分配金を受け取る仕組みの「**ファンド型**」、リターンとして資金提供先の会社の株式を受け取り、その株式の売却によりキャピタルゲインを得るという仕組みの「**株式型**」があります。

寄付型クラウドファンディング

　寄付型クラウドファンディングは、**リターンを求めない**という特徴があります。たとえば、被災地域の復興に対する寄付や、発展途上国の子供たちへの寄付といったことがあげられます。

基礎知識編

▶クラウドファンディングを実行するまでの流れ

クラウドファンディングを行う際の流れは以下のとおりです。

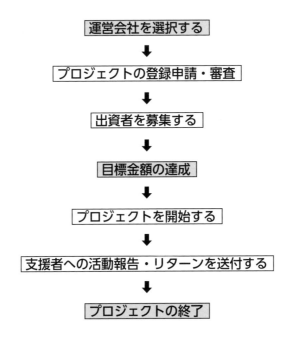

▶プロジェクトに合わせて運営会社を選ぼう

　クラウドファンディングをやったことのない会社が、いきなり自社で一から始めることは非現実的です。実績のあるクラウドファンディング運営会社に依頼し、アドバイスをもらいながら進めていくと効率的に始めることができます。

　運営会社によって様々なサービスがあり、それぞれ強い分野やプロジェクトの手数料が違います。自社のプロジェクトに合った信頼のおける運営会社を選択しましょう。

▶申請から終了までの注意点は？

運営会社の選択ができたら、その会社のサイトにどんなプロジェクトをやりたいのかなどを登録します。

運営会社側では、登録された内容にもとづいて、実行可能性を慎重に審査します。その過程で、「ここをこう変えたほうがよい」などのアドバイスや提案をもらえますので、**運営会社と一緒にプロジェクトのブラッシュアップ**をしていきます。

審査にとおったら、いよいよ資金集めがスタートします。募集期間中は、自社のホームページやSNSなどで協力を呼びかけるなど、積極的に広報します。また、プロジェクト途中での支援者へのこまめな経過報告も大切です。

そして、**目標金額に到達したら、運営者側から手数料を引かれた金額が自社の口座に入金**されます。

目標金額達成後も、支援してくれた人たちに、定期的にその事業が行われている様子を自社のホームページなどで公開すると、資金の透明性の観点からも喜ばれます。

また、プロジェクトを進めるとともに、**支援者へのリターンを進めていきます**。寄付型ならばリターンは不要ですが、購入型なら支援者が購入したものを送付し、金融型なら、期限を守って利息や分配金を支払います。

それが完了したらプロジェクトは終了です。

▶3つのメリットを享受しよう

クラウドファンディングでの資金調達には、次の3つのメリットがあります。

その1 新規事業でも資金調達できる

　前述したように、不確実性の高い新規事業では、金融機関は、リスクも大きいことから融資を行うことに非常に消極的です。しかし、クラウドファンディングでは、支援者の賛同があれば資金を調達し、事業をスタートすることができます。

その2 マーケティングができる

　クラウドファンディングには、資金集めの役割とともに市場を調査するマーケティングの役割もあり、事業に賛同してくれた人たちの**出資の多寡によって新事業の成否を推測**できます。

　また、金融機関もクラウドファンディングでよい反応を得られた事業に対しては、将来成功する可能性が高いと考えるため、**融資を実行する流れ**が生まれてくる可能性があります。

その3 現金以外のリターンを設定できる

　増資や借入金により資金調達を行った場合には、通常そのリターンとして配当金や利息を金銭にて出資者へ支払いますが、クラウドファンディングの場合、支援者へのリターンは自社の製品・サービス・権利といった現金以外で設定することができます。

　そのため、**資金繰りが厳しい会社にとっては、資金調達に伴うキャッシュ・アウトを抑えることができます**。

▶3つのデメリットに気をつけよう

　クラウドファンディングでの資金調達には、次の3つのデメリットがあります。

その1 資金調達までの時間が読めない

　金融機関による融資の場合には、おおよそ1カ月ほどで融資が実行されますが、クラウドファンディングの場合は、目標金額に達するまでの時間が読めません。

　そのため、**すぐに資金を必要とする場合には**、すべての資金をクラウドファンディングで調達するのは厳しく、**資金の一部を調達する**という利用方法が望ましいです。

その2 アイデアが盗用される可能性がある

　クラウドファンディングは、自社で考えた事業を広くインターネットを通じて公開することによって出資を募る資金調達方法です。

　そのため、広告宣伝効果がある一方で、アイデアが他社に盗まれてしまうリスクがあります。

　公開する前に特許の出願をしておくなど、しっかり対策を立ててから情報を公開することが大切です。

その3 失敗すると社会的な信用を落とす

　クラウドファンディングで資金調達に成功し、いざ事業を実行したとしても、失敗してしまうこともあります。

　そうした場合、事前にインターネットで周知しているため、その代償も大きく、支援者からだけではなく社会的な信用を落とす結果となってしまいます。

　そのため、クラウドファンディングを始める際には、資金調達までの計画だけではなく、**資金調達後の事業計画もしっかり立てておかなければなりません**。

8 助成金などのいろいろな 資金調達方法を知っておく

使える方法がないか検討してみましょう

▶補助金、助成金などの返済不要資金を活用しよう

　補助金と助成金は、両者とも国や地方公共団体などから支給され、返済が不要であるという点で共通しています。

　補助金は、採択件数や予算があらかじめ決められており、**審査に通らないと受給できません**。それに対して、**助成金には審査はなく、要件を満たしていれば受給できる**点で異なります。

　たとえば、コロナ禍で実施された持続化給付金・雇用調整助成金・家賃支援給付金は「助成金」に該当します。一方、令和2年度に創設された事業再構築補助金は「補助金」に該当します。

　補助金は審査もあるため、以下の点に注意が必要です。

補助金を申し込む際の注意点

①事業計画書の添付が必要なケースが多いため、
　事前に事業計画書を作成しておく

②多くの補助金は後払いとなっているため、あらかじめ事業に
　必要な資金は自社で準備しておく

③補助金の対象は、あらかじめ定められた期間に支出した経費
　のみであるため、期間をしっかり確認しておく

▶投資育成会社を利用して増資をする

投資育成会社は、もともと中小企業の育成という国策にもとづいて設立された法人で、現在は民営化され株式会社となっています。

民間のベンチャーキャピタルと異なり、上場を唯一の目的とせずに、「長期安定株主として支援」「経営の自主性を尊重」「経営の相談相手」という3つの柱をもち、**中小企業に様々なメリットを提供**しています。

投資育成会社を利用するメリットには、おもに以下の3つがあげられます。

メリット1 自己資本比率を改善できる

自己資本を増やしていくには、継続して利益を計上して蓄積するか、増資によるしかありません。しかし、増資は、オーナー一族の資力の問題もあるため、一朝一夕にはできません。

中小企業の自己資本比率は小さいといわれますが、準公的な投資育成会社の出資を受けることで**自己資本比率を改善し、信用力を増し、さらなる成長を期待することができます。**

メリット2 経営権を確保できる

投資育成会社からの増資を受けたとしても、投資育成会社が現経営陣の経営権を脅かすことはありません。原則として現経営陣の経営判断が尊重されます。

そのため、株式が分散している会社では、**オーナー一族の資力だけでは買い取ることができない株式について、投資育成会社に株主に**なってもらい、オーナー一族と投資育成会社の持分数を3分の2にすることで、経営権を確保できます。

メリット3 長期安定資金として活用できる

　増資による資金は無担保・無保証であるうえ、借入金のように返済が必要ではありませんので、長期安定資金として活用できます。**業績が悪化しても貸しはがしの心配はありません**。

▶投資育成会社では安定配当と情報公開が必要に

　ただし、投資育成会社を利用する際には、次の2つの点に注意しましょう。
　ひとつめは、**安定配当が必要**になることです。配当は出資の対価であるため、原則出資に対しては、配当を支払います。
　投資育成会社の配当に対する考え方は、利益の状況を見つつ、できるだけ安定した配当を期待するということになっています。
　2つめは、**情報公開が必要**となることです。
　決算終了後は、投資育成会社に対して、**定時株主総会の開催前に決算内容の説明をする**こととされています。

▶私募債はメリットとデメリットに注意しよう

　私募債とは、証券会社や銀行などの金融機関を通じて会社が資金を調達する方法のひとつです。銀行借入による間接的な資金調達とは異なり、**会社が発行する社債を、少数の投資家が直接引き受ける**ことをいいます。
　中小企業で多く見られるのが「銀行保証付私募債」です。
　これは、無担保で発行される私募債に対し、銀行が保証人となり、元利金の支払いを連帯して保証する社債のことです。
　多くは銀行が、発行するすべての社債を引き受けます。

メリット	●金融機関からの借入れと違い、私募債を発行する際には、保証人や担保を設定する必要がない ●社債なので償還期限の一括返済が一般的であり、償還期限までの一定期間はキャッシュ・アウトを減少させる効果がある
デメリット	私募債の発行に銀行の保証を利用すると、財務代理人手数料などが発生し、債権者に対する利息の支払いも必要となるため、手数料と利息の二重の費用を支払うことになる

▶資本性借入金で財務体質を強化する

　資本性借入金による借入金は、自己資本とみなすことができるため、**自己資本比率が上昇し、財務体質を強化することができます。**

　また、資本性資金でありながら、株式ではないため、既存株主の持株比率を低下させることもありません。

　そのため、資本性借入金は、「安定資金の確保」と同時に、「財務体質の強化」をはかることができる融資です。

　また、前述したように、基本的に「期限一括返済」で、定期的な返済は利息（通常の融資よりは高く設定され、利益の増減に応じて変動する）のみであり、返済までの期間は元本の返済がないため、**資金繰りが好転します**。

第 3 章

信用力強化編

決算書の「信用度」を 上げて、資金調達力を 強化しよう

中小会計要領などの会計ルールに準拠した決算書の
作成と会計専門家からの "保証" をもらう

1 経営者や企業、決算書への信用度を上げる方法を知ろう

会社の状態を正確にあらわす決算書を作成

▶中小企業の決算書が信頼されづらい理由

　上場している大企業では、新株や社債の発行により、資本市場から資金を調達することができますが、未上場の中小企業は金融機関からの融資による資金調達がほとんどです。そのため、中小企業にとっては、**経営者や企業、決算書などをいかに金融機関などに信頼してもらえるか**が、資金調達を円滑にする鍵になります。

　しかし、中小企業の決算書は、一般的に金融機関からは、あまり信用されていません。これには、次の理由があります。

金融機関から信用されない理由
- ●故意に粉飾を行う
- ●知識不足で誤謬（ごびゅう）のある決算書を作成してしまう

　上場企業などでは、公認会計士または監査法人の財務諸表監査が義務づけられ、財務諸表の作成にあたっては企業会計基準（会計処理・開示の基本となるルールで高度な見積計算や国際会計基準への対応も必要）が適用されているので、信頼性は高いと考えられています。

　しかし、**中小企業には、上場企業で行われている監査は義務づけられておらず、企業会計基準に準拠している保証もありません。**

▶会計ルールに準拠し、会計専門家の"保証"を活用！

　決算書の信用度を上げる方法には、大きく分けて２つあり、この２つは相互に関連しています。

信用力強化 編

> **信用度を上げる２つの方法**
> ①一般に公正妥当と認められる会計基準や
> 　会計慣行に準拠した決算書を作成する
> ②会計専門家に決算書の信頼性を保証してもらう
>
> 信用度 UP!
>

　まず、上の①についてですが、中小企業では税法基準（税法の規定に則した決算書を作成する基準）に従って決算書を作成することが一般的でした。しかし、**税法基準では**引当金の計上が認められないなど、会計基準との乖離（かいり）が大きくなっているため、**必ずしも決算書が正確な企業の状況をあらわしているとはいえなくなっています。**

　そこで、「一般に公正妥当と認められる会計基準」で決算書を作成することが求められているのです。

　会計基準には、金融庁の企業会計審議会で公表した各種会計原則や基準、財務会計基準委員会で公表した各種会計基準があげられますが、これらは大企業向けに開発された基準であるため、膨大・複雑であり、**中小企業では「中小企業会計の基本要領」**（中小会計要領）**を適用することが多くなっています。**

　②の保証については、中小企業の決算書の信頼性が低い原因として、一般に経理人材の不足があげられます。そこで、会計専門家に関与してもらい、その不足を補うことで問題を解決します。具体的には税理士・税理士法人に一定の保証を付与してもらうことを考えます。

2 中小企業のための 会計ルールには何があるのか

中小会計指針と中小会計要領の2つがある

▶「中小会計要領」に準拠するのが一般的

　中小企業の財務経営力を高めるには、その前提として会計処理や表示のためのオーソライズされたルールに従うことが必要です。

　中小企業の場合は、会社法上の「一般に公正妥当と認められる企業会計の慣行」として示されている企業会計基準、中小会計指針（中小企業の会計に関する指針）、中小会計要領（中小企業の会計に関する基本要領）のうちどれかひとつに準拠することが求められます。

　一般的には、中小会計要領に準拠することが現実的です。

　適用・利用の対象会社は次のようにまとめられます。

会計基準の適用・利用の対象会社

区分	適用する基準など
①金融商品取引法の規制の適用対象会社	企業会計基準
②会社法上の会計監査人設置会社	
③会計参与設置会社（①②を除く）	中小会計指針
④上記以外（多くの中小企業）	中小会計指針または 中小会計要領

＊中小会計指針では「とりわけ会計参与設置会社が計算書類を作成する際には、本指針に拠ることが適当である」とされる

中小会計要領ができるまで

中小会計要領は、中小企業の会計ルールとして 2012 年に公表されたものです。

中小企業の会計が重要な課題として認識され、中小企業庁から「中小企業の会計に関する研究会報告書」が公表されたのは、2002 年 6 月のことでした。

その後、2005 年 8 月に、日本公認会計士協会・日本税理士連合会・日本商工会議所・企業会計基準委員会の 4 団体から中小会計指針が公表されました。しかし、この中小会計指針は、会社法上、「一般に公正妥当と認められる企業会計の慣行」（会社法 431 条）のひとつとされたものの、普及状況は決してよくありませんでした。

そこで、中小企業の実態に即した会計のあり方について検討を行うため、中小企業庁は 2010 年 2 月に、「中小企業の会計に関する研究会」を設置し、同年 9 月に、「中小企業の会計に関する研究会・中間報告書」を公表しました。

他方、企業会計基準委員会などは同年 3 月に、「非上場会社の会計基準に関する懇談会」を設置し、同年 8 月に、「非上場会社の会計基準に関する懇談会　報告書」を公表するに至りました。両報告書の結論は、中小企業の会計について、新たな会計ルールを策定すべきであるというものでした。

2011 年 2 月に、中小企業庁と金融庁の共同事務局のもとで、「中小企業の会計に関する検討会」が設置され、新たな会計ルールの検討が開始されました。そして、2012 年 2 月に、中小会計要領が公表されることになったのです。

信用力強化 編

▶中小会計指針と中小会計要領の違いは？

もう少しくわしく中小企業の2つの会計ルールについて説明しましょう。

①一定の水準を保つ「中小会計指針」

中小企業の会計ルールには、2005年に公表された中小会計指針もあり、計算書類等の開示先や経理体制などの観点から、「一定の水準を保ったもの」とされています。

②簡便な処理も認める「中小会計要領」

中小会計要領は、2012年に公表されたもので、中小会計指針と比べて簡便な会計処理をすることが適当と考えられる中小企業を対象に、以下の考えに立って作成されたものです。

●中小企業の経営者が活用しようと思えるよう、理解しやすく、自社の経営状況の把握に役立つ会計

●中小企業の利害関係者（金融機関、取引先、株主など）への情報提供に資する会計

●中小企業の実務における会計慣行を十分考慮し、会計と税制の調和をはかったうえで、会社計算規則に準拠した会計

●計算書類等の作成負担は最小限にとどめ、中小企業に過重な負担を課さない会計

中小会計要領は中小企業の多様な実態に配慮し、その成長に資するためのものであり、中小企業が会社法上の計算書類等（決算書など）を作成する際の会計処理や注記などが示されています。

なお、特例有限会社、合名会社、合資会社、合同会社も、中小会計要領を利用することができます。

▶会計処理方法は毎期継続すること

　中小会計要領で複数の会計処理の方法が認められている時は、企業の実態などに応じて、適切な会計処理の方法を選択して適用しなければなりません。

　また、**会計処理方法は、毎期継続して適用する必要があり、変更する場合には、合理的な理由が必要**です。さらに変更した旨、その理由と影響の内容を決算書に注記しなければなりません。注記は、決算書を読み解くうえでの補足情報のことで、それをまとめたものを「注記表」といいます。重要な会計方針に関する注記、貸借対照表に関する注記、損益計算書に関する注記などがあります。

　企業会計原則では、「企業会計は、その処理の原則及び手続を毎期継続して適用し、みだりにこれを変更してはならない」(継続性の原則：一般原則五)とされ、これは中小会計要領においても要請されています。

　企業会計原則は、企業会計の実務の中に慣習として発達したものの中から、一般に公正妥当と認められたところを要約したものです。必ずしも法令によって順守を強制されるわけではありませんが、すべての企業がその会計を処理する時に従わなければならないものであると考えられています。

　なお、**中小会計要領で示していない会計処理の方法が必要になった場合**には、企業の実態などに応じて、企業会計基準、中小会計指針、法人税法で定める処理のうち会計上適当と認められる処理、そのほか一般に公正妥当と認められる企業会計の慣行の中から選択して適用することとなります。

　また、中小会計要領は、安定的に継続利用可能なものとする観点

から、国際財務報告基準の影響を受けないものとされています。

▶ 「適切な記帳」が中小会計要領を使う前提！

　中小会計要領の利用にあたっては、適切な記帳が前提とされています。**経営者が自社の経営状況を適切に把握するためには記帳が重要**です。記帳については、すべての取引につき、「正規の簿記の原則」（「企業会計は、すべての取引につき、正規の簿記の原則に従って、正確な会計帳簿を作成しなければならない」という原則：企業会計原則一般原則二）に従って行い、適時に、整然かつ明瞭に、正確かつ網羅的に会計帳簿を作成しなければならないとされています。

　ただし、中小会計要領と、企業会計原則における正規の簿記の原則の位置づけには相違があります。中小会計要領では、正規の簿記の原則を「記帳の重要性」としてうたい、「真実性の原則」（次ページ参照）を含むほかの一般原則の上位概念としています。
　その理由は、**中小企業ではエントリー・データ、つまり記帳の品質が決算書の信頼性に大きな影響を及ぼす**ことにあります。
　これは次のような理由によるものです。
- 「所有者管理の会社（株主と経営者が同一）」が多く、経営者の専断的な決定による事実の歪曲などが生ずる可能性が高いこと（所有と経営が分離されている上場会社と比べ、株主総会のガバナンスは効きにくい）
- 会計処理の過程で内部統制がないか、あるとしても有効に機能しがたいこと
- 一般的に、経理担当者の人材不足という傾向が見られること
- 決算書に監査法人などによる外部監査が強制されていないこと

　このため、中小会計要領は、「記帳」に重点をおいて基準設定を行う「エントリー重視の会計基準」の立場を採用しています。

企業会計原則との関係にも留意

企業会計原則は、一般原則と損益計算書原則および貸借対照表原則から構成されていますが、一般原則は、会計全般にわたる基本となるものです。中小会計要領にも一般原則の考え方がとり入れられています。

中小会計要領の利用にあたっては、正規の簿記の原則のほかに、次の考え方にも留意する必要があります。

信用力強化 編

真実性の原則 　企業の財政状態および経営成績に関して、真実な報告を提供するものでなければならない

資本取引と損益取引の区分の原則
資本取引と損益取引は明瞭に区別しなければならない

明瞭性の原則 　利害関係者に対し必要な会計事実を明瞭に表示し、企業の状況に関する判断を誤らせないようにしなければならない

保守主義の原則 　企業の財政に不利な影響を及ぼす可能性がある場合にはこれに備えて適当に健全な会計処理をしなければならない

単一性の原則 　種々の目的のために異なる形式の財務諸表を作成する必要がある場合、それらの内容は、信頼しうる会計記録に基づいて作成されたものであって、政策の考慮のために事実の真実な表示をゆがめてはならない

重要性の原則 　重要性の乏しいものについては、本来の会計処理によらないで、他の簡便な方法により処理することも認められる

3 税理士法による「書面添付制度」を活用してみよう

税理士が税務申告書の内容を証明する制度

▶中小企業が活用できる「3つの制度」とは

　上場企業や会社法上の大会社に対しては監査法人などの監査が義務づけられ、決算書の質が保証されています。また、多数のステークホルダー（利害関係者）の目があり、複数の経理担当者がいて、内部統制が整備・運用されています。中小企業でそのような社内体制を整えるのは難しい面があります。

　しかし、（会計ソフトを含めた）**システム構築、税理士などを上手に活用することで、決算書の信頼性を高める**ことは十分可能です。

　決算書の保証業務には、積極的な保証業務である「監査」、中程度の保証水準である「レビュー」、消極的な保証業務である「調製」があります。中小企業にとってコストもかかる「監査」を強制するのは現実的ではないでしょう。そこで、選択肢としてあがるのが「調製」としての、以下の3つの活用です。

中小企業が活用できる3つの制度
①会計専門家に役員（会計参与）に就任してもらう制度
②税理士法第33条の2の書面添付制度
③中小会計要領に準拠している旨のチェックリストの添付制度

税理士が作成する添付書面（1ページ目）

税 申告書（ 年分・ 年 月 日 ～ 年 月 日 事業年度分・ ）に係る

税理士法第３３条の２第１項に規定する添付書面 （33の2①）

受付印

年 月 日
殿

※整理番号

税理士又は税理士法人	氏名又は名称	
	事務所の所在地	電話（ ） ―
書面作成に係る税理士	氏 名	
	事務所の所在地	電話（ ） ―
	所属税理士会等	税理士会 支部 登録番号 第 号
税務代理権限証書の提出		有（ ） ・ 無
依 頼 者	氏名又は名称	
	住所又は事務所の所在地	電話（ ） ―

私（当法人）が申告書の作成に関し、計算し、整理し、又は相談に応じた事項は、下記の1から4に掲げる事項であります。

1　自ら作成記入した帳簿書類に記載されている事項

帳 簿 書 類 の 名 称	作成記入の基礎となった書類等

2　提示を受けた帳簿書類（備考欄の帳簿書類を除く。）に記載されている事項

帳 簿 書 類 の 名 称	備 考

※事務処理欄	部門	業種		意見聴取連絡事績		事前通知等事績	
				年月日	税理士名	通知年月日	予定年月日
				・ ・		・ ・	

（1／4）

信用力強化編

→2ページは115ページ、3ページ目は117ページにあります

▶書面添付は、税理士による "保証" のようなもの

　書面添付制度は、税務申告書の保証書のようなものです。**税理士がその関与の度合いや判断した内容などを記載して、責任を明らかにするとともに、税務申告書の正確性を証明**します。
「書面添付制度で、決算書の信頼性まで保証できるのか」という疑問を抱く方もいらっしゃるかもしれません。

　しかし、わが国は確定決算主義を採用しており、（株主総会で決議されて）確定した決算の当期純利益から、法人税法では益金（売上高などの収益とほぼ同様の内容）や損金（売上原価や費用とほぼ同様の内容）にならない収益や費用などを申告書で調整して課税所得を算定し、税金を計算するという方法をとっています。

　会計専門家は申告書だけでなく**決算書の内容確認を行いますので、間接的に決算書の信頼性を保証することにつながります**。

▶金融機関では金利優遇も！

　また、詳細は114ページで後述しますが、添付書面の「（1）のうち顕著な増減事項・増減理由」欄には、著しい増減科目とその理由を記載します。

　そのため、金融機関にとっては「事業性評価」の判断材料としても使用でき、これが詳細に記載されている添付書面は、**金融機関でも高く評価**されています。

　金融機関によっては、書面添付がされているかということや、ほかの条件も考慮のうえで、**金利の優遇、無担保・無保証の融資商品を導入しているところもあります**。

書面添付は税務調査でもメリットが！

　書面添付制度を利用している会社に対しては、税務署は原則として税理士などに意見の聴取をしたあとでなければ、税務調査へ移行できません。

　また、税務調査を実施する場合には、税理士などに対して、添付書面に記載された事項について意見を述べる機会が与えられます。

　意見聴取により疑問点が解消した場合には調査省略となり、実地調査へ移行する場合でも、関与税理士に対して意見聴取をしているため、スムーズな調査となることが期待できます。

　このようなメリットがある書面添付制度ですが、令和2年度の法人税でも、全申告件数のうち10％程度の申告書にしか添付されていません。

　逆に見れば、書面添付の実施は他社との差別化につながるとともに、申告書の信頼性を高めることが可能となるのです。

書面の添付割合

**参考指標1　税理士法第33条の2に規定する書面の添付割合
（所得税・相続税・法人税）**

（単位：％）

年　度	平成27年度	28年度	29年度	30年度	令和元年度	2年度
所得税	1.2	1.3	1.3	1.4	1.4	1.4
相続税	13.6	15.6	18.2	20.1	21.5	22.2
法人税	8.6	8.8	9.1	9.5	9.7	9.8

（出所）　課税部個人課税課、資産課税課、法人課税課調
出典：財務省「令和2事務年度国税庁実績評価書」

信用力強化 編

4 添付書面にはどんな内容が記載されているのか?

税理士が計算、整理した内容、判断、意見など

▶ 「計算し、整理した主な事項」がわかる

　税理士の添付書面は全部で4ページありますが、どのような内容が記載されているのか、具体的に見ていきましょう。

　1ページ目には111ページのように、税理士名や会社名などが記されます。

　添付書面の2ページ目は、「**計算し、整理した主な事項**」について記載する箇所で、(1)〜(3)に分けられています。

　(1)には、決算書・申告書作成に際して、税理士などが計算し、整理した事項が記載されています。(2)には(1)のうち顕著な増減事項とその理由を、(3)には(1)のうち会計処理方法に変更などがあった事項と変更などの理由が記載されます。

▶税理士のチェック内容、判断、意見などがわかる

　(1)は、**税理士などがどのようなチェックを実施し、その結果どのような判断をし、意見を有しているか**を明らかにする箇所です。

　たとえば、次のような内容が記載されています。

● 「区分」欄

　例 売上高、売掛金など

| | | ※整理番号 | |

3　計算し、整理した主な事項

区　　分	事　　　　項	備　　　　考
(1)	税理士が行ったチェック内容、判断、意見などが記載される欄	

(1)のうち顕著な増減事項	増　減　理　由
(2)	著しい増減事項とその理由が記載される欄 ⓘ 金融機関が事業性評価の判断材料としても利用

(1)のうち会計処理方法に変更等があった事項	変　更　等　の　理　由
(3)	会計処理方法に変更などがあった事項と変更などの理由が記載される欄

（2／4）

信用力強化編

● 「事項」欄

　　例　「売上高及び売掛金は販売管理システム（システム名）を利用
し、日々の売上計上、売掛金残高の管理を実施している。

　同システムと会計システムとはデータを連携し、毎月末（または毎
日・毎週など）に両データの整合性を確認している。

　なお、期末日前後の出荷記録を閲覧し、売上高の繰延・繰上計上
がないことを確かめ、売上高の計上基準は継続的に適用されている
と判断した。

　また、売掛金一覧表を閲覧し、長期滞留売掛金の有無を確認し、
かつ、責任者に質問し、不良債権及び貸倒れにすべき売掛金はない
と判断した」

▶金額の著しい増減事項とその理由がわかる

　添付書面の（2）には、（1）のうち顕著な増減事項とその理由
を記載します。
　なお、この項目は、前述したように、金融機関が事業性評価を行
う時の判断材料としても利用されます。

　たとえば次のような内容が記載されます。
● 「（1）のうち顕著な増減事項」欄

　　例　売上高の減少（飲食業の例示）
● 「増減理由」欄

　　例　「新型コロナウイルスまん延防止のため、当地域がその適
用を受け、令和○年×月〜△月まで、営業自粛及び営業時間の短縮
要請を受け、ディナータイムを中心に来客数が減少した。しかし、
その中でもテイクアウト商品の拡充等営業努力を続け、通期の売上
高減少は○％にとどまった」

	※整理番号	

4　相談に応じた事項

事　　　　　項	相　　談　　の　　要　　旨
	税理士が相談に応じた内容が記載される欄

5　その他

➡ **4ページ目は**
　　「追加記載する事項」があれば、利用する

（3／4）

信用力強化編

▶会計処理方法を変えた事項と内容がわかる

添付書面の（3）は（1）のうち、会計処理方法に変更などがあった事項と変更などの理由が記載されます。たとえば、今年度から賞与引当金の計上を開始した場合は次のように記載します。

● 「(1) のうち会計処理方法に変更等があった事項」欄

　例　賞与引当金

● 「変更等の理由」欄

　例　「経営成績、財政状態をより明瞭に表示するために、今年度より賞与引当金の計上を開始した。なお、計上基準は個別注記表に記載の通りである」

▶会計事務所を上手に活用しよう

税理士には年1回の申告書作成だけでなく、毎月、帳簿などの正確性を確認（監査）してもらうほうが決算書の質は高まります。

また、後述する「中小会計要領チェックリスト」では、15項目に、**適時正確性をチェックする箇所がもうけられています。**

税理士などが毎月訪問している場合はYESとなります。これに対し、年1回の場合は、NOとなり、所見欄に**「月次顧問契約でないため、記帳適時性は検証し得ない」**などのコメントがつくはずです。

また、昨今のコロナ禍における各種支援金は、月次で前年度または前々年度との比較で売上高がどの程度減少しているかが、適用の基準になることが一般的であり、これらは、**月次決算を前提にした制度設計**といっても過言ではありません。会計をおろそかにすると、デメリットになるという証左でもあります

会計事務所の仕事の仕方にも変化が

　新型コロナウイルスの影響で、会計事務所の仕事のやり方にも変化が起きています。会計事務所は、これまでは企業を訪問し、帳票などを確認し、帳簿の正確性などを担保していました。

　しかし、証憑書類のスキャナ保存制度を利用すれば、レシートを読み込むことで、会計データを自動生成するなどの省力化や会計記録（仕訳）と同時に領収書などの証憑をデータとして監査（確認）することが可能となっています。

　また、クラウド化が進んでいるため、企業訪問をせずに、会計データを会計事務所（やテレワークによって自宅など）にいながら確認することができます。

　そして Zoom などを利用し、経営者へ報告を実施する、間もなくそのようなサービス形態が当たり前の時代となるでしょう。

　ただし、このような時代になっても、現場を訪問する、経営者と対話する、そしてその過程で課題に気づくといったことは今まで以上に重要になってくるでしょう。

　会計事務所のチェックも、今後は、事実と記録の照合（実態が会計記録に反映されているかどうか）に重きをおくようになっていくことでしょう。これによって、保証の程度がより高まっていくものと考えられます。

　多くの会計ソフトが出回っていますが、企業側でも、粉飾や社内の不正行為は、架空仕訳の追加や不当な訂正・削除によって行われていることから、追加・訂正・削除の記録が残る会計ソフトを選択することが大切です。

信用力強化 編

5 「中小会計要領の適用に関する チェックリスト」をつける

税理士が作成して適用状況を保証するもの

▶税法を意識した決算書は信用度が低い

中小企業の場合、決算書などの作成目的は税務申告が主であり、法人税法を意識した処理基準で決算書を作成しがちです。

しかし、決算書を作成するための本来のルールは会計基準です。会計基準は適正な期間損益計算を目的としていますが、税法基準は公平な課税を目的としたものであり、当然、費用（損金）などの範囲が異なっています。税法基準で作成した決算書は会社の本当の状況を表示しているとはいえなくなっている場合があるのです。

中小会計要領に準拠した決算書のほうが、決算書の信頼性を向上させることができます。

▶税理士が中小会計要領の適用状況を"保証"

123、125ページは、中小会計要領の適用に関するチェックリストとして、日本税理士会連合会が作成・公表しているものです。

税理士などが決算書を作成した場合には、このチェックリストに照らして適用状況をチェックするようになっています。

当然、**チェックリストが添付されているほうが決算書の信頼性は高い**と判断されます。

▶金融機関はチェックリストのどこを見ているのか？

主要なチェック項目は次のとおりです。

その1 発生主義で会計処理がされているか

損益計算書に計上されている収益と費用は、現金主義（お金をもらった・支払った）ではなく、発生した期間に計上しなければなりません。123ページのチェック項目に「(前略) 取引が発生した時又はサービスの提供を受けた時に計上されているか」とあるように、（適時性を確保するためにも）月次単位で発生主義にもとづいて会計処理を行っているかがチェックされます。

☑ 金融機関はここをチェック

金融機関から資金調達している場合、期中で試算表の提出を求められることがあります。**現金主義で処理している場合**は、期中における正しい経営成績が表現されません。**金融機関からの信頼度は低くならざるを得ず、円滑な資金調達を阻害**する要因となります。

その2 貸倒損失・貸倒引当金が計上されているか

税務上の貸倒損失は、①破産などにより債権が消滅、②債務者の支払能力などから回収不能と見込まれる場合、③1年以上取引停止などの3つの場合に限って計上が認められています。

一方、**中小会計要領では回収不能な"おそれ"がある場合に貸倒損失を計上**するとされており、より積極的な損失処理が求められています。貸倒引当金の設定については、税法上の法定繰入率で問題ありませんが、個別評価債権（取立不能のおそれがある債権）についても、中小会計要領に従っているかどうかがチェックされます。

　金融機関は、**売上債権の増減について注意して見ています**。売上高は減少しているのに売上債権が増加している場合、とくに、前年度と同じ取引先・同じ金額が残っている場合には、**不良債権の存在**を疑います。

　また、金融機関は**長期滞留している立替金・仮払金・貸付金**などの科目残高にも留意しています。これらの科目は、**経営者への貸付や一時流用などの資金流出が疑われる科目**だからです。金融機関側の視点で見て、融資金がそれらに流用されていると判断されれば、次の融資は難しいと考えます。

　なお、売掛金などの決算残高は、決算書に添付されて税務署に提出される「勘定科目内訳書」に記載されますので、金融機関側でもある程度は取引先ごとに残高を把握することは可能です。

　取引などが多数にのぼる場合は、勘定科目によっては1件50万円以下の場合に「その他」で集計することもできますが、「その他」が多額の場合、その中に不良債権を入れている場合も考えられます。

　すべての明細を添付したほうが信頼性は高くなるといえます。

その3 有価証券・棚卸資産の評価損を計上しているか

　有価証券の時価が著しく下落（おおむね50%以上）**し、かつ回復の見込みがない場合には取得価額との差額を評価損として計上**しなければなりません。その点がなされているかも、チェックします。

　経営者が回復の見込みがあると考え評価損を計上しない場合には、その根拠を、たとえば所見欄に記載するなどして、明確にしたほうがよいでしょう。

　棚卸資産についても同様です。税務上、①災害による著しい損傷、②著しい陳腐化、③賞味期限切れなどで、**ほとんど価値がないと判断されるものについては、評価減を計上すべきです**。

◢日本税理士会連合会

「中小企業の会計に関する基本要領」の適用に関するチェックリスト

【平成 27 年 4 月公表】

［会 社 名］ _____

代表取締役 _____ 様

私は、貴社の　　年　月　日から　　年　月　日までの事業年度における計算書類への「中小企業の会計に関する基本要領」（以下「中小会計要領」という。）の適用状況に関して、貴社から提供された情報に基づき、次のとおり確認を行いました。

　　　年　月　日

税 理 士 _____ 印　登録番号 _____
［事務所の名称及び所在地］

_____　税理士法人番号 _____

［連絡先電話番号］　（　　　　）　－

No.	勘定項目等	確認事項	残高等	チェック	
1	収益、費用の基本的な会計処理	収益は、原則として、製品、商品の販売又はサービスの提供を行い、かつ、これに対する現金及び預金、売掛金、受取手形等を取得した時に計上され、費用は、原則として、費用の発生原因となる取引が発生した時又はサービスの提供を受けた時に計上されているか。		Y E S	N O
		収益とこれに関連する費用は、両者を対応させて期間損益が計算されているか。		Y E S	N O
2	資産、負債の基本的な会計処理	資産は、原則として、取得価額で計上されているか。		Y E S	N O
		負債のうち、債務は、原則として、債務額で計上されているか。		Y E S	N O
3	金銭債権及び債務	預貯金は、残高証明書又は預金通帳等により残高が確認されているか。		Y E S	N O
		金銭債権がある場合、原則として、取得価額で計上されているか。	無	有	
				Y E S	N O
		金銭債務がある場合、原則として、債務額で計上されているか。	無	有	
				Y E S	N O
		受取手形割引額及び受取手形裏書譲渡額がある場合、これが貸借対照表の注記とされているか。	無	有	
				Y E S	N O
4	貸倒損失	法的に消滅した債権又は回収不能な債権がある場合、これらについて貸倒損失が計上されているか。	無	有	
				Y E S	N O
	貸倒引当金	回収不能のおそれのある債権がある場合、その回収不能見込額が貸倒引当金として計上されているか。	無	有	
				Y E S	N O
5	有価証券	有価証券がある場合、原則として、取得原価で計上され、売買目的の有価証券については、時価で計上されているか。	無	有	
				Y E S	N O
		時価が取得原価よりも著しく下落した有価証券を保有している場合、回復の見込みがあると判断されたときを除き、評価損が計上されているか。	無	有	
				Y E S	N O
6	棚卸資産	棚卸資産がある場合、原則として、取得原価で計上されているか。	無	有	
				Y E S	N O
		時価が取得原価よりも著しく下落した棚卸資産を保有している場合、回復の見込みがあると判断されたときを除き、評価損が計上されているか。	無	有	
				Y E S	N O

☑ **金融機関はここをチェック**

　金融機関は、棚卸資産についても、売上債権と同様に留意しています。在庫が増加している場合や、何年も同じ在庫が計上されている場合には、粉飾決算の可能性や不良在庫、長期滞留在庫の存在を疑います。

　同業平均と比較して、棚卸資産回転期間が著しく長期の場合は不良在庫・架空在庫の存在を疑います。

その4 経過勘定を使っているか

　経過勘定とは、「未収収益」「前払費用」「未払費用」「前受収益」などの科目のことで、適正な期間損益計算をするために使用されるものです。

　対価の支払時期と役務の提供時期が異なる場合、経過勘定を使ってその差異を調整します。この処理がなされているかがチェックされます。

　なお、法人税法の取扱いでは1年以内に提供を受ける役務にかかるものについては、前払費用とせず全額損金として認めており、このチェックリストでも、重要性が乏しい場合には、税法基準の処理でよいこととされています。

その5 減価償却が行われているか

　固定資産は、一般的に耐用年数の期間、定額法・定率法などの決められた償却方法により、毎期、規則的に減価償却が行われていきます。

　しかし、法人税法では減価償却費の計上は任意であり、赤字の場合、償却費を計上せず、先送りすることもできます。

　会計では、このような償却は認められないため、この点もチェックされます。

No.	勘定項目等	確認事項	残高等	チェック	
7	経過勘定	経過勘定がある場合、前払費用及び前受収益は、当期の損益計算に含まれ、また、未払費用及び未収収益は、当期の損益計算に反映されているか。 （注）金額的に重要性の乏しいものについては、受け取った又は支払った期の収益又は費用として処理することも認められます。	無	有	
				YES	NO
8	固定資産	固定資産がある場合、原則として、取得原価で計上されているか。	無	有	
				YES	NO
		有形固定資産は、定率法、定額法等の方法に従い、無形固定資産は、原則として定額法により、相当の減価償却が行われているか。 （注）「相当の減価償却」とは、一般的に、耐用年数にわたって、毎期、規則的に減価償却を行うことが考えられます。	無	有	
				YES	NO
		固定資産について、災害等により著しい資産価値の下落が判明した場合は、相当の金額が評価損として計上されているか。	無	有	
				YES	NO
9	繰延資産	資産として計上した繰延資産がある場合、その効果の及ぶ期間で償却されているか。	無	有	
				YES	NO
		法人税法固有の繰延資産がある場合、長期前払費用等として計上され、支出の効果の及ぶ期間で償却されているか。	無	有	
				YES	NO
10	リース取引	リース取引に係る借手である場合、賃貸借取引又は売買取引に係る方法に準じて会計処理が行われているか。	無	有	
				YES	NO
11	引当金	将来の特定の費用又は損失で、発生が当期以前の事象に起因し、発生の可能性が高く、かつ、その金額を合理的に見積ることができる場合、賞与引当金や退職給付引当金等として計上されているか。 （注）金額的に重要性の乏しいものについては、計上する必要はありません。	無	有	
				YES	NO
		中小企業退職金共済、特定退職金共済等が利用されている場合、毎期の掛金が費用処理されているか。	無	有	
				YES	NO
12	外貨建取引等	外貨建金銭債権債務がある場合、原則として、取引時の為替相場又は決算時の為替相場による円換算額で計上されているか。	無	有	
				YES	NO
		決算時の為替相場によった場合、取引時の円換算額との差額を為替差損益として損益処理されているか。	無	有	
				YES	NO
13	純資産	純資産のうち株主資本は、資本金、資本剰余金、利益剰余金等から構成されているか。		YES	NO
		期末に自己株式を保有する場合、純資産の部の株主資本の末尾に自己株式として一括控除する形式で表示されているか。	無	有	
				YES	NO
14	注記	会社計算規則に基づき、重要な会計方針に係る事項、株主資本等変動計算書に関する事項等が注記されているか。		YES	NO
		会計処理の方法が変更された場合、変更された旨、合理的理由及びその影響の内容が注記されているか。	無	有	
				YES	NO
		中小会計要領に拠って計算書類が作成された場合、その旨の記載の有無を確認したか。		YES	NO
15		すべての取引につき正規の簿記の原則に従って記帳が行われ、適時に、整然かつ明瞭に、正確かつ網羅的に会計帳簿が作成されているか。		YES	NO
		中小会計要領で示していない会計処理の方法が行われている場合、その処理の方法は、企業の実態等に応じて、一般に公正妥当と認められる企業会計の慣行の中から適用されているか。	無	YES	NO

①「残高等」の欄については、該当する勘定項目等の残高がない場合又は「確認事項」に該当する事実がない場合は、「無」を〇で囲みます。「確認事項」に該当する場合において、中小会計要領に従って処理しているときは、「チェック」欄の「ＹＥＳ」を、中小会計要領に従って処理していないときは、「チェック」欄の「ＮＯ」を〇で囲みます。

②「ＮＯ」の場合は、「所見」欄にその理由等を記載します。

③「所見」欄には、上記のほか、会社の経営に関する姿勢、将来性、技術力等の内容を記載することもできます。

所　　見	

賞与引当金・退職給付引当金は計上されているか

引当金とは、①将来の特定の費用または損失、②発生が当期以前の事象に起因すること、③発生の可能性が高いこと、④金額を合理的に見積もることができること、の4つの要件に該当する場合に損益計算書に費用を計上するとともに貸借対照表の負債の部に見積計上するものです。

その代表的なものが「賞与引当金」と「退職給付引当金」ですが、税務上は、貸倒引当金以外の引当金の損金算入は認められていません。なお、中小会計要領でも「金額的に重要性の乏しいもの」については計上する必要がない旨を規定しています。

①賞与引当金

従業員に対して支払う翌期の賞与のうち、当期に負担すべき部分の金額は賞与引当金として計上し、当期の費用とします。計算方法には支給金額を見積もって当期負担分を月割計算する方法と、支給対象期間基準による方法などがあります。

②退職給付引当金

従業員の退職金規程がある時、またはない場合でも支給実績がある時や将来の支給見込みが高い時には、退職給付引当金の計上が必要です。

☑ 金融機関はここをチェック

会社の財政状態は、将来負担すべき負債を計上することで、より明瞭になります。

企業側にとっては利益が減るためマイナスになるようにも感じられるでしょうが、積極的な開示によって経営者の姿勢をアピールでき、金融機関からの信頼性が増すものと考えられます。

その7 個別注記表に「文言」が記載されているか

　中小会計要領によって計算書類（決算書）が作成された場合は、個別注記表の冒頭に「この計算書類は、『中小企業の会計に関する基本要領』によって作成しています」と記載することとなっています。この記載があるかどうかで、会計要領の適用の有無を判断することができ、税理士が確認してチェックすることになっています。

その8 正規の簿記の原則に従って作成されているか

「すべての取引につき正規の簿記の原則に従って記帳が行われ、適時に、整然かつ明瞭に、正確かつ網羅的に会計帳簿が作成されているか」がチェックされます。

　前述したように、「適時」にとは「**現金取引については日々、掛取引については1カ月以内に記帳**すべき」というもので、会社法432条1項でも「株式会社は、法務省令で定めるところにより、適時に、正確な会計帳簿を作成しなければならない」と規定されています。正しい決算書を作成するには、日々の記帳が大切であり、ここが間違っていると、正しい決算書は作成されません。

その9 「NO」の理由が記載されているか

　チェック項目に「ＮＯ」などがある場合には、所見欄にその理由を記載できます。

「すべての項目が『ＹＥＳ』とならないからチェックリストを活用しない（金融機関へ提出しない）」のではなく、できるところから適用し、すべての項目が「ＹＥＳ」となるよう心がけるとよいでしょう。

　所見欄には、会社の経営に関する姿勢、将来性、技術力などを記載できるので、会社の強み（非財務）をアピールすることも可能です。

6 中小会計要領を活用するための「3つのポイント」

まとめ記帳を避け、決算書の信頼性を高め、情報を活用

▶適時正確な記帳、決算書の信頼性、財務情報の活用を

　経営者が中小会計要領を戦略的に活用するためのポイントは、以下の3つです。

> **活用ポイント**
> ①適時正確な記帳をすること
> ②決算書の信頼性を高めること
> ③財務情報を有効活用すること

チェック

では、順に見ていきましょう。

その1 適時正確な記帳ができるようにする

　中小会計要領の利用にあたっては、適切な記帳が前提とされています。

　領収書や請求書などの証拠書類を、適時、整理・保存し、帳簿に記帳することは、正しい会計を行うための基本中の基本です。正しい会計のためには、取引後すみやかに帳簿に記帳して、記録として残すことが不可欠ですし、**帳簿のまとめ記帳は不正や誤謬の温床**となり得ます。

「適時性」の定義は、会社計算規則でも明らかにされていませんが、「現金取引はそのつど」「信用取引（掛取引）は請求書を発行するまで（通常は1カ月以内）とする」といった解釈が一般的であると考えられます。

　すなわち、遅くとも、**翌月末までに前月の月次決算ができなければ、「適時性」を疑わなければいけません**。

　経営者には、正確かつ適時な記帳が自社を護るという認識が必要です。

その2 決算書の信頼性を高める

　決算書の信頼性は、前述したように、一般に公正妥当と認められる会計の基準または慣行に準拠すること、第三者の会計専門家による保証があることで高められます。

その3 財務情報を有効活用する

　財務情報の有効活用については「月次決算の早期化」「資金繰り情報などの活用」「管理会計の実践」がポイントとなります。

　まず、**月次決算の早期化**についてですが、月次決算の早期完了と企業業績とは相関関係があることが指摘されています 。速やかな月次決算の実施が、問題点の早期発見につながり、対応策も早い段階から打ち出すことが可能となるためです。

　次に、**資金繰り情報などの活用**についてです。たとえば、掛売上があった場合、収益である売上高は発生の段階で計上されます（発生主義）が、入金はされていないため資金の増加にはつながりません。

　このように、利益の増加が必ずしも資金の増加になるとは限らないため、財務会計データだけではなく資金繰りデータもあわせて検討することが不可欠となります。

　企業経営においては資金繰り情報のほうが重要視されるケースも多く、とくに金融機関などはその傾向が強いといえます。現在では、

財務会計システムに資金繰り情報を付加し、自動的に資金繰り情報が得られるソフトも出ているので、活用するとよいでしょう。

最後に、**管理会計の実践**です。一般に、財務会計とは、企業外部の利害関係者に対して、財政状態や経営状況を示すために行われるものです。集計単位は、企業全体となります。

一方、管理会計は企業内部、とくに経営者が経営の意思決定に使うことを目的としたものです。集計単位は、事業別・部門別などとなります。経営者にとっては、全体も部分も大切です。部分に着目することで、自社の強み弱みが明確化されるからです。このため企業経営にとって管理会計は、有効なツールとなります。

·COLUMN·

「記帳適時性証明書」の活用でスピード融資も

いま「記帳適時性証明書」を融資や金利優遇の判断に活用する金融機関が増えています。

この証明書は、株式会社TKCが会員（税理士など）に発行しているもので、「関与先企業の円滑な資金調達を支援するために、会計帳簿と決算書、法人税申告書の作成に関する適時性と計算の正確性を第三者である株式会社TKCが証明」します。

金融機関が着目するのは、次の7つのポイントです。

1. 「注」の欄に◎印がいくつあるか？
　TKC会員の税理士は関与先企業が前月に作成した会計帳簿と取

（132ページへ続く）

〔原本PDF〕

記帳適時性証明書　　　　第　　　号

〔当法人は、日々の記帳から会計帳簿・月次試算表・決算書・税務申告書の作成と電子申告まで一気通貫です。〕

発行日：令和3年5月21日

税理士法人　××××　　　　　　　殿

株式会社TKC
代表取締役社長　飯塚真規

貴関与先法人　　　　　　　　　　　　　　　（法人番号：　　　　　　　　）殿における
会計帳簿の適時作成義務（会社法第432条①）の遵守状況、並びに決算書は会計帳簿と完全一致していること、
さらに電子申告した法人税申告書は当該決算書に基づいていること（法人税法第74条①）を証明します。

（審査）
Y　N

1.　「資料1：過去3年間における月次決算及び年次決算の状況」について
　①TKC会員は「TKC全国会行動基準書」に基づいて、会計記録の適法性等を確保するため毎月、関与先
　　に出向き巡回監査することが求められています。貴事務所の実践状況は資料1のとおりです。
　②「監査対象月」は貴事務所が巡回監査を行った会計期間、「仕訳数」は当月の試算表に計上された仕訳の
　　件数、「データ処理日」は月次決算が完了した日を示しています。
　③「決算書に付した番号（17行目）」は、書面の「決算報告書」の各頁左下に付した番号で、これと同一の
　　番号が印刷されている貸借対照表及び損益計算書は、会計帳簿の期末科目残高と完全に一致しています。
2.　「資料2：前期（第26期）の法人税申告書の作成状況」について
　①TKCシステムは会計帳簿（仕訳帳・元帳・月次の試算表）及び決算書の作成、これに続く法人税申告書・
　　消費税申告書の作成、さらには国税と地方税の電子申告まで一気通貫となっています。
　②前期の決算書に計上された「税引き後当期純利益（損失）」（資料1の18行目Ⓐ）と前期の法人税申告書
　　別表4の「当期利益又は当期欠損の額（1）」（資料2の2行目Ⓑ）とは完全に一致しており、貴関与先殿の法
　　人税申告書は当該決算書に基づいて作成されています。
3.　税理士法第33条の2に定める書面添付（「決算申告確認書」の提出）の実践について
　　TKC会員は「TKC全国会行動基準書」により、税務申告書の提出に当たっては、税理士法第33条の2
　　に基づく書面を添付することが求められています。貴事務所の実践は資料3（3行目）のとおりです。
4.　TKC財務会計システムの継続利用期間について
　①貴関与先の財務データは、平成16年4月分から継続して利用しており、利用期間は17年0か月となります。
　②この利用期間において過去仕訳及び科目残高の遡及する修正・追加・削除の処理はなされていません。
5.　この証明書の真正性は、TKC全国会HP（https://www.tkc.jp/）から確認できます。
　　なお、そこでは事務所名と商号の表示を省略しています。（掲載期限は令和4年5月31日）　　　　　　以上

資料1：過去3年間における月次決算（◎翌月：○翌々月／期首月と期末月は調整）及び年次決算の状況

年月	第24期 平成30年4月1日～平成31年3月31日				第25期 平成31年4月1日～令和2年3月31日				第26期 令和2年4月1日～令和3年3月31日			
	監査対象月	仕訳数	データ処理日	注	監査対象月	仕訳数	データ処理日	注	監査対象月	仕訳数	データ処理日	注
1	平成30年 4月	336	平成30年5月31日	◎	平成31年 4月	321	令和1年5月29日	◎	令和2年 4月	318	令和2年 5月28日	◎
2	平成30年 5月	317	平成30年6月15日	◎	令和1年 5月	333	令和1年6月18日	◎	令和2年 5月	324	令和2年 6月12日	◎
3	平成30年 6月	312	平成30年7月10日	◎	令和1年 6月	310	令和1年7月18日	◎	令和2年 6月	323	令和2年 7月10日	◎
4	平成30年 7月	335	平成30年8月 9日	◎	令和1年 7月	328	令和1年 8月 9日	◎	令和2年 7月	331	令和2年 8月10日	◎
5	平成30年 8月	317	平成30年9月27日	◎	令和1年 8月	322	令和1年9月11日	◎	令和2年 8月	291	令和2年 9月 9日	◎
6	平成30年 9月	380	平成30年10月18日	◎	令和1年 9月	341	令和1年10月 9日	◎	令和2年 9月	307	令和2年10月12日	◎
7	平成30年10月	358	平成30年11月13日	◎	令和1年10月	329	令和1年11月15日	◎	令和2年10月	261	令和2年11月10日	◎
8	平成30年11月	356	平成30年12月10日	◎	令和1年11月	300	令和1年12月13日	◎	令和2年11月	278	令和2年12月10日	◎
9	平成30年12月	334	平成31年1月30日	◎	令和1年12月	312	令和2年 1月23日	◎	令和2年12月	311	令和3年 1月11日	◎
10	平成31年 1月	358	平成31年2月22日	◎	令和2年 1月	310	令和2年 2月20日	◎	令和3年 1月	302	令和3年 2月10日	◎
11	平成31年 2月	350	平成31年3月14日	◎	令和2年 2月	276	令和2年 3月10日	◎	令和3年 2月	295	令和3年 3月10日	◎
12	平成31年 3月	337	平成31年4月30日	◎	令和2年 3月	193	令和2年 4月21日	◎	令和3年 3月	140	令和3年 4月23日	◎
13	年次決算	79	令和 1年5月27日	◎	年次決算	89	令和2年 5月28日	◎	年次決算	96	令和3年 5月15日	◎
14												
15												
16												
17	決算書に付した番号	T48001			決算書に付した番号	U69273			決算書に付した番号	V85891		
18	税引き後当期純利益（損失）		円		税引き後当期純利益（損失）		円		税引き後当期純利益（損失）Ⓐ		円	

（注）前期（第26期）の決算書の個別注記表には、中小会計要領に準拠している旨の注記があります。

資料2：前期（第26期）の法人税申告書の作成状況

1	法人税申告書の作成日及び提出方法	令和3年5月17日	法人税申告書はTKCシステムで作成され電子申告されています。
2	別表4の「当期利益又は当期欠損の額(1)」Ⓑ		円	Ⓐ とⒷ は一致しており、申告書は決算書に基づいています。
3	別表1の「法人税額 (2)」		円	

資料3：前期（第26期）のKFSの利用状況

1	K：継続MAS（経営計画）	◉ 利用　○ 未利用
2	F：FXシリーズ（自計化）	◉ 利用　○ 未利用
3	S：書面添付（税理士法33-2）	◉ 実践　○ 未実践

■TKC全国会登録情報

1	会員氏名	税理士法人　××××
2	入会日（経過年数）	平成4年6月24日（28年10か月）
3	経営革新等支援機関	◉ 認定　○ 未認定
4	事務所ホームページ	

引記録を対象に、その翌月に巡回監査（関与先に訪問して監査する）と月次決算を実施しています。実施した月には「注」の欄に◎印が示され、「記帳適時性証明書」では、この履歴を過去36カ月にわたり確認できます。

２．決算書と法人税申告書が一致しているか

　決算書の「税引き後当期純利益（損失）」と法人税申告書別表４の「当期利益又は当期損失の額」が一致していることを証明します。これにより、申告書は決算書にもとづいていることが確認できます。不一致の場合は「記帳適時性証明書」は発行されません。

３．中小会計要領（または中小会計指針）に準拠しているか

　前期の決算書の「個別注記表」に「中小会計要領（または中小会計指針）に準拠している」旨の記述があることを確認できます。

４．中期（または短期）経営計画を策定しているか

　経営改善の指針となる中期（または短期）の経営計画を策定していることを確認できます。

５．自計化システムを利用しているか

　経営者が経営経過の進捗状況などの正確な把握と適切な意思決定を支援するためにＴＫＣの企業向け管理会計システムを利用していることを確認できます。

６．税理士法第33条の２に基づく書面を添付しているか

　書類を添付していることを確認できます。

７．顧問税理士が「経営革新等支援機関」に認定されているか

　顧問税理士（ＴＫＣ会員）が中小企業経営力強化支援法にもとづく経営革新等支援機関としての認定を受けていることを確認できます。

第 **4** 章

非財務情報編

非財務情報で経営力を
伝えて、資金調達力を
強化しよう

ＳＷＯＴ分析、ビジネスモデル俯瞰図などを使って、
非財務情報を分析し、会社の強み、弱みを伝える

1 決算書以外の情報を伝えて、会社の強さを知ってもらう

財務情報だけでなく「非財務情報」が重要に

▶自社の資金調達力を高めるためには

　資金調達力を高めるためには、資金の供給者に自社のことを知ってもらう必要があります。

　資金の供給者は、出したお金が増えて戻ってくるところに資金を出します。**将来、その事業がどのような状態になっているかを想像して資金を出すか出さないかの判断を行う**のです。

　その判断をするための材料のひとつが、決算書です。決算書は、過去の経済活動の結果を、法令などで定めた一定のルールに従って集計し、配列したものです。決算書の数字は、時系列で比較したり、同業他社と比較したりすることで、その事業の過去の実績や特徴を確認することができます。

▶決算書だけでは儲かった理由はわからない

　しかし、決算書だけでは、なぜ儲かったのか、損をしたのかまではわかりません。また、将来も予想できません。

　儲かった理由は何か、損をした理由は何か、同じ損をしないために行った工夫は何か、さらに、将来事業を取り巻く環境がどのように変化すると予想しているか、その変化に対応するために、どのよ

うなことを行うのかなどを伝えることにより、資金の供給者は、資金の回収の有無を判断しやすくなります。

　つまり、自社のこと、自社の行っている事業のことをよく知ってもらうことにより、資金調達力は強化されるのです。

▶ 「非財務情報」で財務情報を補足しよう

　資金調達を行う際、一般的には、決算書などの財務情報を金融機関に提出します。しかし、財務情報にあらわれるのは結果でしかありません。その原因を補足するのが「非財務情報」です。

　財務情報と非財務情報は別々のものではなく相互関連のある一体のものです。この**非財務情報を経営者自身が理解して金融機関に説明することが大きな信頼につながります**。

財務情報と非財務情報の違い

	財務情報	非財務情報
定義	会社の財政状態、経営成績などの情報	経営理念、経営方針、経営戦略、経営課題、リスクやガバナンスに係る情報など
内容	事業活動の結果・予想を数値化したもの 〔例〕 決算書、財務分析情報、利益計画書、資金計画書など	財務情報以外のもの 〔例〕 経営課題、SWOT分析、ビジネスモデル俯瞰図、経営戦略経営デザインシートなど

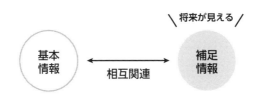

▶非財務情報分析に役立つ代表的な２ツール

　財務情報にあらわれた結果の原因である非財務情報を理解し説明するためには、経営者自らが自社のおかれた状況や自社の強み弱み、さらに儲ける力の源である差別化ポイントなどを理解しておく必要があります。これらの非財務情報を分析するツールは多数ありますが、本書では使い勝手がよく、よく使われている代表的な２つのツールを紹介します。

その1 ＳＷＯＴ分析

　環境分析を行う際の分析ツールとして用いられるのが、ＳＷＯＴ分析です。

　これは企業を取り巻く内部環境と外部環境から受ける影響を、企業にとって好影響であるか、悪影響であるかによって分類し、マトリックスを作成・分析することで環境状況を把握する手法です。

　ＳＷＯＴ分析を行うことにより、自社のおかれた状況が明確になります(138ページ参照)。さらにＳＷＯＴクロス分析を行うことにより、将来の戦略決定にも役立ちます（143ページ参照）。

その2 ビジネスモデル俯瞰図

　ビジネス全体のサプライチェーンを把握し事業の特徴、儲けの仕組みを明確にするツールがビジネスモデル俯瞰図です。

　ビジネスモデル俯瞰図は、商流と業務フローで構成されます。

①商流

　商流とは、モノやサービスの流れのことをいいます。

　自社がサプライチェーンの中のどの位置にいるのか、どこから何

をどのくらい仕入れ、それをどこにどのくらい売っているのかを明らかにしたものが商流図です。

146ページで商流図のつくり方、利用の仕方を解説します。

②業務フロー

業務フローとは、仕入れた商品やサービスに、自社のヒト・モノ・カネ・情報を利用してどのような業務プロセスを経てどのような付加価値をつけて販売しているかを明らかにするものです。150ページで業務フローのつくり方などを解説します。

ビジネスモデル俯瞰図の例

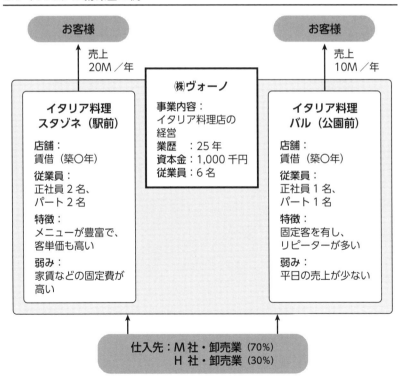

出典）中小企業庁 「早期経営改善計画策定支援事業記入例」より

2 「SWOT分析」で 自社の強み・弱みを伝える

会社の内部と外部の環境分析を行おう

▶会社内部と会社を取り巻く環境を分析する

　ＳＷＯＴ分析は、必要な各種情報をすべて環境要因として分類することにより全体像を見て、次のことを明確にするための手法です。

> ### ＳＷＯＴ分析で明確にすること
> ●自社のおかれている状況
> ●目指すべき方向
> ●これからやるべきこと

　企業の内部環境要因の中で、好影響（有利）であるものを「**強み**(Strengths)」、悪影響（不利）であるものを「**弱み**(Weaknesses)」として分類します。さらに、外部環境要因の中で、企業に好影響（有利）となるものを「**機会**(Opportunities)」、悪影響（不利）となるものを「**脅威**(Threats)」に分類していきます。

▶マクロ環境とミクロ環境の両面から自社を見る

　外部環境要因は、マクロ環境とミクロ環境の２つに大きく分類されます。

マクロ環境とは、世界全体、国全体、社会全体などのように、文字どおり環境について大きなとらえ方をしたもので、直接的・間接的に企業に影響をもたらすものです。

マクロ環境分析の切り口には、**自然、政治、法律、経済、技術革新、人口動態、社会、文化など**があり、情報は無数にあるため、おもに自社に影響するものを選択して要因分析を行います。

近年のトレンドとして、デジタルトランスフォーメーション（DX：<small>デジタル技術による変革</small>）、カーボンニュートラル（<small>温室効果ガスの排出量と吸収量を均衡させる</small>）、ＳＤＧｓ（<small>持続可能な開発目標</small>）などを念頭においておく必要があります。

ミクロ環境とは市場や競合などのことで、自社の事業活動に直接的に影響を与えるものです。**市場の変化、業界の動向、同業他社の動き、得意先の変化、仕入先の変化など**の切り口があります。

その2 内部環境分析の切り口

内部環境分析では、**自社の特性やヒト・モノ・カネ・情報といった経営資源**の分析を行い、自社の強み・弱みを明らかにします。

SWOT分析のマトリックス図

	好影響	悪影響
外部環境	機　会 Opportunities	脅　威 Threats
内部環境	強　み Strengths	弱　み Weaknesses

非財務情報 編

▶「外部環境」を分析シートに記入してみよう

　ＳＷＯＴ分析では、業界や利用目的、習熟度により、どの環境要因を使うかが変わってきます。次ページにＳＷＯＴ分析シートを掲載しました。マクロ環境の変化により以下の切り口がどのように変わっているかをイメージし、次の手順で作成してみましょう。

①「業界の変化」欄の書き方

　同じ業界に属していても、その業界動向がチャンスとなるか、ピンチとなるか、各社・各人の受けとめ方や対応はまちまちでしょう。
　業界の動向を把握してシートに記入します。

②「得意先の変化」欄の書き方

　商流を俯瞰しながら検討します。たとえば、ファッション業では、流行を先取りしなければなりません。また、外食業では絶えずメニューの改定や店舗のリニューアルが必須となってきます。そうした顧客の趣味、嗜好の変化についてシートに記入します。

③「仕入先の変化」欄の書き方

　商流を俯瞰しながら検討します。売上高がなかなか伸びない場合には、「利は元にあり」というように、仕入原価を左右する仕入先の変化にも注意が必要です。そうした変化も記入しましょう。

④「同業他社の動き」欄の書き方

　経営戦略を立案するにはライバル会社の動向分析を行わなければなりません。どう差別化するのか、相対的優位性をどう保持するのかを意識してチェックすることが大切です。

SWOT 分析シート

経営「外部環境」の変化		
機会・チャンス	環境要因	脅威・ピンチ
	業界の変化	
	得意先の変化	
	仕入先の変化	
	同業他社の動き	
	法律の改正	

経営「内部資源」の確認			
強み・自信・自慢	経営資源		弱み・不安・心配
	コア・コンピタンス	商品力	
		技術力	
		生産力	
		営業力	
	ヒト	経営者	
		管理者	
		社員	
		組織風土	
	財務		
	情報		

(　　　年　　　月　　　日作成)
Copyright・TKC・2013

⑤「法律の改正」欄の書き方

　法律も時代とともに改正されます。この情報をいち早くつかみ、早期に対応できる体制を整えることが一歩先んじる経営の実現につながります。逆に法律で守られていた会社は、規制緩和などによりピンチになることも生じます。こうした影響をシートに記入します。

▶「内部資源」を分析シートに記入してみよう

　内部資源については、次のような内容を確認して、141 ページの「ＳＷＯＴ分析シート」に書き込みます。

①「コア・コンピタンス」欄の書き方

　事業の核となる「商品力」「技術力」「生産力」「営業力」について、強みとなるもの、弱みであるものを書き込みます。強みは会社における宝です。顧客が支持している強みは、今後さらに磨き続けることが大切です。逆に致命的な弱みは回避しなければいけません。

②「ヒト」欄の書き方

　企業は人なり、といわれます。ＩＴ化の時代であっても最後に動くのは人です。会社における「ヒト」については、「経営者」「管理者」「社員」「組織風土」を評価して書き込みます。

　組織に変革が求められるのであれば、それに対応できる組織風土がなければ実行されません。組織風土を変える必要があれば、まずは経営者の意識・言葉・行動から変える必要があります。

③「財務」欄の書き方

　資金は人体の血液にたとえられます。適正に循環させなければなりません。「財務」については、資金調達力、キャッシュ・フロー、

資金残高などを把握します。

④「情報」欄の書き方

ＩＴの時代には情報が重要な経営資源です。会社独自の情報のストックと収集力、共有化の状況、独自能力を把握して書き込みます。

▶「ＳＷＯＴクロス分析」で将来の進路を見る

ＳＷＯＴ分析は、自社や事業の現状把握を行うための手法のひとつです。145ページの「ＳＷＯＴ分析シート」による「外部環境の変化」と「経営内部資源の確認」をクロスさせると、**強みを活用してチャンスを活かす、撤退する、などの戦略の方向性を抽出**できます。

ＳＷＯＴクロス分析による事業戦略の方向性・打ち手は、144ページのように分類されます。どの戦略を採用するかは、経営者が判断すべきことですが、ただでさえ経営資源の少ない中小企業は、いくつものことを同時に行うことはできません。経営資源を集中して実現可能性の高いものに投下する必要があります。

クロス分析から導かれる４つの戦略のうち実現可能性が高いものは、次の順番になります。下のＡＢＣＤは144、145ページ図表に対応しています。

実現可能性が高い４つの戦略

①	Ａ	積極攻勢に出る	（強みを活用してチャンスを活かす）
②	Ｂ	差別化戦略をとる	（強みを活用してチャンスに変える）
③	Ｃ	弱みを克服する	（弱みを克服してチャンスを利用する）
④	Ｄ	撤退する	（弱みを補強し脅威に備える、または撤退する）

		機会（Opportunities）	脅威（Threats）
		自社にとって 有利な 安全な 役立つ市場の変化は何か？	自社にとって 不利な 危険な 負担増となる市場の変化は何か？
強み (Strengths)	自社が、他社よりも優れた勝てる得意なところは何か？	**A　積極的に攻勢に出る** （強みを活用してチャンスを活かす） 〔具体的な戦略〕 ・迅速に行動し、緒戦に勝つ ・余剰資源をすべて注ぎ込む ・将来の「金のなる木」へ	**B　差別化戦略をとる** （強みを活用して脅威をチャンスに変える） 〔具体的な戦略〕 ・顧客価値を掘り下げる ・独自の品質をつくり出す ・大義名分を掲げる
弱み (Weaknesses)	自社が、他社よりも劣る負ける苦手なところは何か？	**C　弱みを克服する** （弱みを克服してチャンスを利用する） 〔具体的な戦略〕 ・弱みの克服策を立てる ・社内で努力を継続する ・チャンスが来るまで待つ	**D　撤退する** （弱みを補強し脅威に備える、または撤退する） 〔具体的な戦略〕 ・大騒ぎしない ・期限を設け、徐々に手を引く ・他社の浸食を黙認する

作成してみよう

SWOT 分析シートと SWOT クロス分析シートの関係

SWOT 分析シート

外部環境の変化	
機会・チャンス	脅威・ピンチ
①	②

内部資源の確認	
強み・自信・自慢	弱み・不安・心配
③	④

SWOT クロス分析シート

		機会・チャンス	脅威・ピンチ
		①	②
強み・自信・自慢	③	A	B
弱み・不安・心配	④	C	D

SWOTクロス分析シートの書き込み方

1　SWOT分析シートの①（「外部環境の変化」の「機会・チャンス」）に記入した内容を SWOTクロス分析シートの「機会・チャンス」欄へ転記

2　同じくSWOT分析シートの②（「外部環境の変化」の「脅威・ピンチ」）に記入した内容を SWOTクロス分析シートの「脅威・ピンチ欄」へ転記

3　「強み・自信・自慢」欄、「弱み・不安・心配」欄についても同じように転記する

4　ここで全体を俯瞰してみる

5　外部環境の変化に対応し売上や利益を増やすために、どの強みをどのように活かせば よいかを検討し、具体的な事業戦略としてA欄B欄に記入する

6　外部環境の変化に対応し売上や利益を維持するために、どの弱みをどのように克服す るか、または何もしない、撤退という事業戦略を選択するかを決めC欄D欄に記入

出典）『経営戦略はこう立てる』（TKC出版）より

非財務情報編

第4章　非財務情報で経営力を伝えて、資金調達力を強化しよう　　145

3 「商流図」で自社のモノや サービスの強みを伝える

当社を中心に、仕入先が上流、得意先が下流

▶仕入先を「商流図」に記入してみよう

商流図では、モノやサービスは、当社を中心に左側から右側に流れます。左側を商流の上流、右側と商流の下流といいます。

最初に商流の上流である **「仕入先」** (外注先) や **「協力先」を取引の多い順または重要性の高い順に3社程度選択**し、会社名・取引金額・取引の内容などを「商流図」に記入します。

次に、「仕入先」を選んでいる理由を「選定理由」の欄に記入しましょう。同様に、「協力先」を選んでいる理由、社内で代替できないかなどを考えて「選定理由」の欄に記入してください。

仕入先などを選ぶ理由

●他社より安い　　　　●品質がいい　　　　●対応が丁寧
●長年取引をしている　●そこからしか仕入れられない
●多くの情報をもっている　　など

▶得意先を「商流図」に記入してみよう

商流の下流である **「得意先」** (売上先) **を取引の多い順または重要**

性の高い順に3社程度選択し、会社名・取引金額・取引の内容などを「商流図」に記入します。エンドユーザーに直接販売している場合は、この「得意先」欄に記入する必要はありません。「エンドユーザー」欄には、得意先に販売した商品やサービスがどのようなもので、どのようなエンドユーザーに届けられるのかを記入します。

　次に当社がその「得意先」や「エンドユーザー」から選ばれている理由を考えて「選ばれている理由」の欄に記入してください。

> **得意先などに選ばれる理由**
> ●品質がいい　　●安い　　●納品が早い
> ●提案力がある　●接客がいい　●情報量がある
> ●注文しやすい　●品揃えが多い　など

「商流図」の例

〔商流把握〕

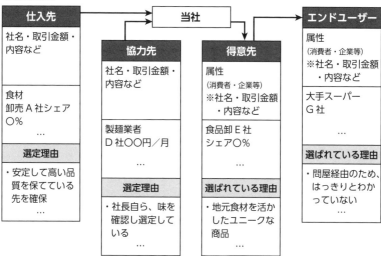

出典）「ローカルベンチマークガイドブック（企業編）」（経済産業省）をアレンジ

4 「サプライチェーン」で自社の果たしている役割を伝える

自社に期待されていることを知り強みを伸ばす

▶生産・流通プロセスを図にしてみよう

原材料が調達されてから商品やサービスが消費者に渡るまでの生産・流通プロセスのことをサプライチェーンといいます。

サプライチェーンを図にしたものが次ページの図です。

エンドユーザーに届けられるものは、サプライヤー、メーカー、物流事業者、小売事業者など、様々な事業者が提供する一連の活動が付加した価値の総和と考えられます。

自社がサプライチェーン全体の中でどのような役割を負っているかを考えてみましょう。

サプライチェーンの中で自社に期待されることがわかると、その期待に応えることが、差別化につながり、得意先から選ばれることとなるでしょう。

▶商流図も俯瞰して今後の打ち手を検討してみよう

そのほか、前項の商流図（147 ページ参照）を俯瞰し、次ページ下の①〜④を検討してみましょう。

①については、ＳＷＯＴ分析の外部環境の変化が与える影響がヒントとなります。

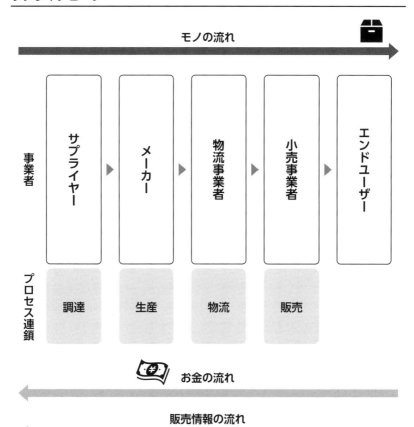

モノの流れ

事業者	サプライヤー	メーカー	物流事業者	小売事業者	エンドユーザー
プロセス連鎖	調達	生産	物流	販売	

お金の流れ

販売情報の流れ

非財務情報編

検討したい4つのこと

①エンドユーザーに提供されているモノやサービスの市場が、今後拡大していくのか縮小していくのか
　●拡大であれば、自社の経営資源をさらに投下するか
　●縮小であれば、新市場への変更はできるか
　●新商品、新サービスの提供は可能か
②エンドユーザーに提供されているモノやサービスがこれまで以上に市場から選ばれるために必要なものは
③仕入先、協力先の変化により当社の受ける影響は
④直接エンドユーザーと取引ができないか　など

5 「業務フロー」で商品・サービスの強さの源泉を伝えよう

自社の強みや強みのもととなる差別化ポイントはどこか

▶業務の中にある工夫やこだわりを理解する

　自社が提供している製品・商品・サービスが、自社でどのような
プロセスを経て提供されているかを理解することは大切です。

　業務の流れを把握し、それぞれの業務の中で、どのような工夫や
こだわり（差別化ポイント）があるのかについて理解し、**自社の強みや
強みのもととなるポイントを発見しましょう**。

　ＳＷＯＴ分析シート（141ページ参照）や商流図（147ページ参照）を見
直しながら業務フローを考えると、自社の強みが差別化ポイントに
なっていることがわかってきます。

▶「業務フロー」は５つの活動に分けて作成する

　業務フローは、業種や事業内容によって異なりますが、一般的に
は、**①購買・物流、②製造、③出荷物流、④販売・マーケティング、
⑤サービス**という５つの活動があります。

　自社の業務フローを５段階に分け、最終的に商流図の川下につな
がるイメージで、「業務フロー」を作成します。

　そして、最後に、顧客提供価値を考え記入しましょう。

　顧客は、製品・商品・サービスそのものを買っているのではなく、

買ったことにより「何か」を実現したいと思っています。その「何か」を顕在化させたものが顧客提供価値です。

　顧客提供価値を、視点を変えて言い換えれば、「自社は何のために存在しているのか？」という問いに近いかもしれません。顧客提供価値を考えることで、**企業が何を目指していくのか、どのような姿になるべきか**を経営者自身が深く考えるきっかけになります。

　業務フローはマイケル・ポーターがとなえたバリューチェーンマネジメントを簡単にしたものです。企業価値の源泉をもっと知りたい方はバリューチェーンマネジメントを研究しましょう。

「業務フロー」の例

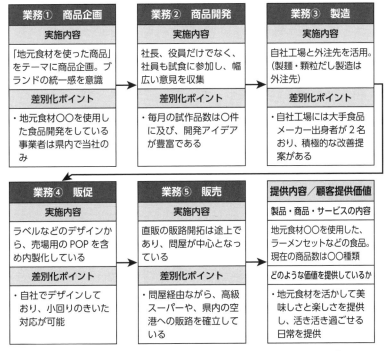

〔製品製造、サービス提供における業務フローと差別化ポイント〕

業務① 商品企画	業務② 商品開発	業務③ 製造
実施内容	**実施内容**	**実施内容**
「地元食材を使った商品」をテーマに商品企画。ブランドの統一感を意識	社長、役員だけでなく、社員も試食に参加し、幅広い意見を収集	自社工場と外注先を活用。（製麺・顆粒だし製造は外注先）
差別化ポイント	**差別化ポイント**	**差別化ポイント**
・地元食材〇〇を使用した食品開発をしている事業者は県内で当社のみ	・毎月の試作品数は〇件に及び、開発アイデアが豊富である	・自社工場には大手食品メーカー出身者が2名おり、積極的な改善提案がある

業務④ 販促	業務⑤ 販売	提供内容／顧客提供価値
実施内容	**実施内容**	製品・商品・サービスの内容
ラベルなどのデザインから、売場用のPOPを含め内製化している	直販の販路開拓は途上にあり、問屋が中心となっている	地元食材〇〇を使用した、ラーメンセットなどの食品。現在の商品数は〇〇種類
差別化ポイント	**差別化ポイント**	どのような価値を提供しているか
・自社でデザインしており、小回りのきいた対応が可能	・問屋経由ながら、高級スーパーや、県内の空港への販路を確立している	・地元食材を活かして美味しさと楽しさを提供し、活き活き過ごせる日常を提供

出典）「ローカルベンチマークガイドブック（企業編）」（経済産業省）をアレンジ

6 「ローカルベンチマーク」で 事業に関する情報を伝える

経営の「見える化」のツールを活用しよう

▶財務情報と非財務情報をまとめた「たたき台」

ローカルベンチマーク（通称「ロカベン」）は、経営の「見える化」のツールです。認定支援機関・商工会や商工会議所などの中小企業支援機関や地域金融機関による地域企業に対する経営支援を活性化させるために、企業との対話を深めて事業の現状や経営課題を共有し、**課題解決への行動につなげていくための「きっかけ」または「たたき台」** として使われることを目指してつくられたものです。

ローカルベンチマークは次のような構成からなっています。

> **ロカベンの構成**
> ①**財務情報**………６つの財務分析指標
> ②**非財務情報**……ビジネスモデル俯瞰図、４つの視点

ここまでにご紹介してきた、ＳＷＯＴ分析、ビジネスモデル俯瞰図をもとにして、非財務情報の記入が可能となります。

▶中小企業庁のミラサポで金融機関との情報共有も

中小企業庁では、行政のＤＸ（デジタルトランスフォーメーション）の一

環として、中小企業施策を紹介するWEBサイト「ミラサポｐｌｕ
ｓ」を展開しています。ミラサポｐｌｕｓでは、自社のローカルベ
ンチマークを登録し、必要な時には、支援機関と登録したロカベン
情報を共有することもできます。

　また近年の経済産業省関係の補助金の申請でも、ロカベン情報を
提出するものが増えてきています。

　近年、**金融機関は、地域の企業の事業性評価にもとづく融資を行
うことを、金融庁から求められています**。そこで、事業の強み・弱
み、外部環境や市場の変化について融資担当の銀行員からヒアリン
グを受ける機会が増えていると思われます。

　自社や事業の内容をミラサポｐｌｕｓのロカベン情報に登録して
おき、図を見せながら説明すれば金融機関の理解も深まり、より積
極的な支援を受けることが可能となるはずです。

中小企業庁の「ミラサポ plus」

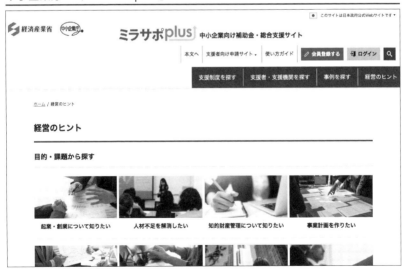

金融機関とロカベン情報を共有す
ることもできる

非財務情報 編

7 変動損益計算書とビジネスモデル俯瞰図の関係を知ろう

利益を生み出している仕組みを見つける

▶売上高は商流の下流、変動費は商流の上流

　変動損益計算書とは、損益計算の原価と費用を、変動費（商品仕入原価や材料費・外注費など、売上の増減によって変化する費用）と固定費（人件費や地代家賃など売上高の増減にかかわらず変化しない費用）の２つに分けて表示したものです。業績管理や損益分岐点分析などに利用されています。

　ビジネスモデル俯瞰図と変動損益計算書は、156ページの図表のように密接な関係をもっています。

　売上とは商流の下流、変動費とは商流の上流のことです。

　限界利益は、商流の上流から当社に流れてきたものに、当社の固定費（ヒト・モノ・カネ・情報などの経営資源）を使って、各業務フローで行った差別化により生じる付加価値の総和のことです。

　利益を出すためには、固定費よりも多くの限界利益が必要となります。**業務フローの各過程で工夫をして差別化を行うことで付加価値が増大し、黒字化につながる**ことがイメージできると思います。

▶財務・非財務の関連性を見る時の４ポイント

　財務・非財務の関連性を見る時は、次の４つのポイントに気をつけましょう。

その1 売上高 （商流の下流） のポイント

売上高のポイントは、次のとおりです。

●エンドユーザーにおける市場は今後拡大するか、縮小するか？

●市場シェアを増やすための仕組みは？

●競合他社に市場を奪われない仕組みは？

その2 変動費 （商流の上流） のポイント

変動費のポイントは次のとおりです。

●今後の調達が継続できるか？

●外注業務を自社に取り込むことはできないか？

その3 限界利益率のポイント

限界利益率のポイントは、次のとおりです。

●業務フローにおける差別化の工夫は？

●強みを活かす工夫は？　弱みを克服する仕組みは？

　これは、157ページ図表のバリューチェーンマネジメントでいう「主活動」にあたります。

その4 固定費のポイント

固定費のポイントは、次のとおりです。

●全般管理…………ヒト・モノ・カネ・情報は、無駄なく付加価値を増大するために配置されているか？

●人事・労務管理…差別化を生むための教育・研修の仕組みは？

●技術開発…………新たな差別化を生み出す仕組みは

●調達活動…………独自の仕入ルートの開発

　これは、バリューチェーンマネジメントの「支援活動」にあたります。

変動損益計算書	商流把握 (サプライチェーン)			業務フロー (バリューチェーン)
		上段 (記入内容)	下段 (記入内容)	
売上高①	商流の下流	得意先 ●社名 ●取引金額 ●内容	自社を選んでいる理由	
			販売方法の工夫	
変動費②	商流の上流	仕入先 ●社名 ●取引金額 ●内容	仕入先・外注先を選んでいる理由	
		協力先	仕入や外注の仕方の工夫	
限界利益③ (①－②)				業務フローにおける価値の総和 (マージン)
固定費④				価値をつくる活動の総コスト (支援活動)
経常利益 (③－④)				**黒字のとき** 差別化の総和＞差別化のためのコスト
				赤字のとき 差別化の総和＜差別化のためのコスト

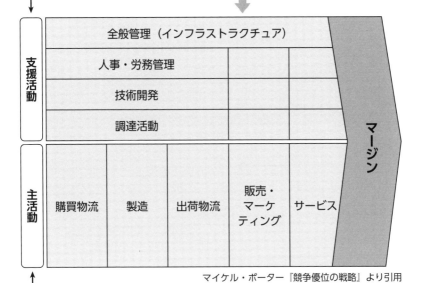

売上高
- ●エンドユーザーにおける市場は今後拡大するのか、縮小するのか？
- ●市場シェアを増やすための仕組みは？
- ●競合他社に市場を奪われない仕組みは？

変動費
- ●今後の調達が継続できるか？
- ●外注業務を自社に取り込むことはできないか？

- ●全般管理…………ヒト・モノ・カネ・情報は無駄なく付加価値の増大のために配置されているか？
- ●人事・労務管理…差別化を生む教育・研修の仕組みは？
- ●技術開発…………新たな差別化を生み出す仕組みは？
- ●調達活動…………独自の仕入ルート開発は？

固定費

非財務情報 編

全般管理（インフラストラクチュア）				
人事・労務管理				
技術開発				
調達活動				
購買物流	製造	出荷物流	販売・マーケティング	サービス

支援活動／**主活動**／**限界利益率**／マージン

マイケル・ポーター『競争優位の戦略』より引用

- ●業務フローにおける差別化の工夫は？
- ●強みを活かす工夫は？　弱みを克服する仕組みは？

8 「課題解決のフレームワーク」で事業の磨き上げをする

売上・利益を増大させ事業の存続・発展につなげる

▶売上と限界利益率を上げ、固定費を下げる

　ＳＷＯＴ分析、ビジネスモデル俯瞰図などにより非財務情報の見える化を行うと、財務情報の変化の原因が明確になります。

　また、現在、会社が抱える経営課題や将来の懸念材料を洗い出すこともできます。

　この現状分析により明確となった経営課題や将来の懸念材料を解決し、売上・利益を増大させ事業の存続・発展につなげることを、「事業の磨き上げ」といいます。**磨き上げの主な項目は、売上アップ、限界利益率アップ、固定費の見直しの3つです。**それぞれ課題解決の行動計画を作成し、行動につなげます。

　経営課題の中には、固定費の見直しなどのすぐに取り組むべきものと、売上アップのための新市場への進出・新サービスの提供、業務フローの見直しによる限界利益率アップなどの時間をかけて取り組むべきものがあります。ＳＷＯＴクロス分析などを活用し、順序と期限を決めて実践しましょう。

　経営課題の解決策の検討は、一般的に仮説を立てて行います。しかし、なかなか思考がまとまらず解決策を導き出すことが困難なことが多々あります。そのような時に活用したいのが、次ページのような課題解決のためのフレームワークです。

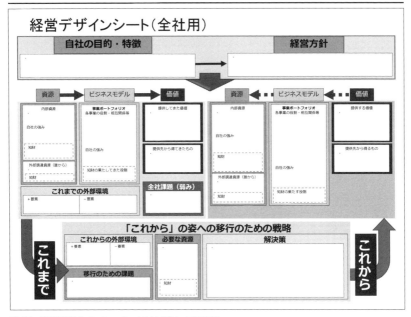

出典)「経営デザインシート(全社用)」(内閣府)

外部環境の変化の中で、新たな付加価値を創造するための思考のツールとして開発されたもので、事業への利用が呼びかけられています

上のシートは、内閣府の「経営をデザインする」ホームページからダウンロードすることができます。上記以外も様々なシートがあります

第 **5** 章

経営計画編

「経営計画書」で将来像を明確にし、資金調達力を強化しよう

経営計画の中でも5カ年の「中期経営計画」が重要。
実現可能性の高い計画を立てよう

1 事業の方向性や目標数字を「経営計画書」で伝えよう

融資の際も事業の将来をまとめた経営計画が力になる

▶事業性評価融資では「中期経営計画」が重要に

金融庁は事業性評価について、次のように説明しています。
「事業性評価とは、金融機関が現時点での財務データや、担保・保証にとらわれず、企業訪問や経営相談などを通じて情報を収集し、事業の内容や成長可能性などを適切に評価すること」

金融機関は、この事業性評価を通じて事業の儲ける力や将来性を評価し、未来における資金の回収可能性の判断を行い、融資を決定します。このような融資を事業性評価融資といいます。

事業性評価の際に、未来における資金の回収可能性を判断する材料として重要なのが、「中期経営計画書」です。**実現可能性の高い中期経営計画書は、資金調達力を格段に向上させます**。

金融機関から求められなくても、日ごろから非財務情報や中期経営計画書の内容を説明しておけば、必要な時によい融資条件で、資金調達が可能となります。さらに、経営課題解決のための支援の提案も多くなるかと思います。

▶長期、中期、短期の経営計画の違いは？

経営計画とは、企業がその将来に向かって、経営ビジョンや目標

を達成するために必要な計画のことを広く指します。経営判断を行ううえで、その良否を判断する基準となるものです。

　企業が存続・発展するためには、外部環境の変化に的確に対応し、ヒト・モノ・カネ・情報などの経営資源を自社にとって有利な方向に集中して競争優位を実現しなければなりません。

　経営者は、そのような**経営方針を具現化するために経営計画を策定し、自社の進むべき方向性を明らかにして意思統一をはかる**ことが必要になります。

　経営計画は、下表のように分類することができます。

経営計画を分類すると？

長期経営計画	経営方針や長期ビジョン、10年後にどうなっていたいのか、といった事柄をまとめたもの
中期経営計画	企業の進むべき方向性や目標を明確にし、将来に向けて今から何をすべきかを明らかにすることを狙いとして策定されるもの
短期経営計画	年度ごとの実行計画として、数値計画などを詳細に立てたもの。予算と実績の差異をはかる今を知るためのモノサシといえます

　上記のうち、基本となるのが中期経営計画（5ヵ年計画）です。よい原因をつくっても、その成果が出るまでには、通常2年も3年もかかるものです。途中で投げ出さないように、継続するための意欲・意思・やる気を維持することが必要です。関係者（経営者自身や社員、関係機関）の「心」を奮い立たせるためには中期経営計画で方向性と概要を理解してもらうことが重要です。

　従来、金融機関への融資申込みの際には決算書を提出してきましたが、これからは決算書に加え、非財務情報および中期経営計画書の提出が求められる時代になるでしょう。

2

「経営計画」の柱になる
数字以外の部分を作成しよう

数字計画を立てるだけでは達成は困難

▶まずは経営理念、経営ビジョン、経営方針を明確に

経営計画書には、通常、次のような事項が盛り込まれます。

経営計画書の構成

①経営理念 ······· 会社の存在意義
②経営ビジョン ··· 会社の将来の方向性、経営者の姿勢
③経営方針 ······· 基本方針（重点施策）、商品・得意先・販売
　　　　　　　　　促進施策・体制整備方針
④経営計画 ······· いわゆる数字計画（利益・資金計画・予想貸借対
　　　　　　　　　照表）、5カ年程度の中期計画を作成

　経営計画書というと、上表④の経営計画（数字計画）を真っ先に思い浮かべがちですが、**数字計画は経営計画書のごく一部であり、一般的に数字計画だけではその達成が困難**です。①経営理念、②経営ビジョン、③経営方針が明確である必要があります。

　とくに③経営方針が具体的であり、かつ、経営計画発表会などの手段により、施策・体制整備方針が周知されているほど達成確率が高まります。経営理念やビジョンを実現するための具体的な行動計画を実施していたら、結果として数字も達成してしまったという姿

がもっとも望ましいことです。

　また、経営計画書の作成により、良好な企業風土を形成していくことは、長期的に業績を向上させるいちばんの近道となります。

▶計画と実績のズレの原因を見つけ改善する

「経営計画をつくってもそのとおりにはいかないから意味がない」とおっしゃる方がいます。確かに計画をつくってもそのとおりにいくことは少ないでしょう。

　しかし、経営計画というのは、そのとおりにいくことが重要なのではなく、**計画と実績の「ズレ」がどの程度あるかを認識し、その原因を追究し、対策の実行につなげることが重要**なのです。「ズレ」は主に売上高で生じます。費用は、自社の意思決定でコントロールできるのに対し、売上高などは相手の意思決定にもよるため、自社でコントロールできないからです。

　売上高が計画どおりにいかない原因は様々なことが考えられます。

　自社の計画と実績の「ズレ」の原因はどこにあるのかをしっかり把握できなければ、目標達成はほど遠くなってしまいます。

　目標と実績の差（ズレ）は、客観的な情勢が自社に及ぼす影響を量的に知らせてくれます。言い換えれば、自社が客観的な情勢をどれだけ見誤っていたかをあらわしているということです。**見込み違いの度合いがわかってこそ、正しい舵取りができる**のです。

▶経営計画には「魂」を込める

　経営計画というと、一般的に「数字計画」を思い浮かべる方が多いでしょう。しかし、数字は経営活動の結果としてあらわれるものであり、経営の実務においては、具体的な行動により計画の数字（目

経営計画編

標）をいかに実現していくかが課題となります。

　そのために、経営計画書には経営者の考えにもとづく「経営方針」などが明示されていなければならないのです。

　「魂」が入っていない単なる数字計画は役に立ちません。具体的には、次にあげる要素が盛り込まれている必要があります。

経営計画書に盛り込むこと

１．わが社の存在意義（経営理念）

２．わが社はどこに向かおうとしているのか（経営ビジョン）

３．そのために、何をなすべきか：戦略（経営方針）

４．重点課題は何か、それをどのように具現化するか
　　：重点方針（経営方針）

５．具体的に何をすべきなのか：目標・戦術（経営方針）

▶冒頭の「経営理念」で自社の存在意義を示す

　経営計画書の冒頭には、まず、わが社の存在意義を明確に表現すべきです。すなわち「経営理念」です。

　経営ビジョンや経営方針はこの経営理念にもとづいて導き出されるものですし、経営判断はこの理念にもとづいて行うべきです。さらに、社員が業務上の意思決定を行う際に、よりどころとするものがこの経営理念です。

　まだ経営理念をつくっていない場合は、次ページのシートを参考に、経営者自身が理解し、自分の言葉で語ることのできる経営理念を、納得いくまで時間をかけてつくってみましょう。検討する項目は、８つです（168ページ参照）。まずは思いついたことを箇条書きで書き込んでみます。すべてを埋める必要はありません。

経営理念作成シート（書込式）

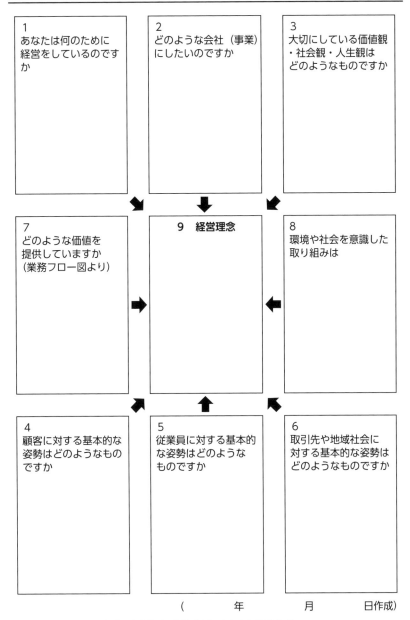

1 あなたは何のために 経営をしているのです か	2 どのような会社（事業） にしたいのですか	3 大切にしている価値観 ・社会観・人生観は どのようなものですか
7 どのような価値を 提供していますか （業務フロー図より）	**9　経営理念**	8 環境や社会を意識した 取り組みは
4 顧客に対する基本的な 姿勢はどのようなもの ですか	5 従業員に対する基本的 な姿勢はどのような ものですか	6 取引先や地域社会に 対する基本的な姿勢は どのようなものですか

（　　　　年　　　　月　　　　日作成）

※「経営者塾テキスト」（TKC 全国会の研修教材）をもとに著者作成

経営計画 編

思いつくことを書き込んでみよう

①あなたは何のために経営しているのか

②どのような会社（事業）にしたいのか

③大切にしている価値観・社会観・人生観はどのようなものか

④顧客に対する基本的な姿勢はどのようなものか

⑤従業員に対する基本的な姿勢はどのようなものか

⑥取引先や地域社会に対する基本的な姿勢はどのようなものか

⑦どのような価値を提供しているか

　→業務フロー（151ページ参照）でまとめた顧客提供価値を書き
　　うつしてください

⑧環境や社会を意識した取り組みは

　→持続可能な社会のために、自社が果たす役割や自社が取り
　　組みたいことなどを検討しましょう

▶ 「経営ビジョン」で経営理念を具体化

　企業経営の本質は、経営理念を具現化していく営みです。

　経営理念の具現化のためには、ある程度、**未来の到達状態を誰も
がビジュアル化（イメージ化）できることが必要**です。

「経営ビジョン」は、経営理念をより具体化したものといってよい
でしょう。経営ビジョンは、次ページの「経営ビジョン作成シート」
に10年後もしくは5年後のわが社を想像して記入してみます。た
とえば、2030年のわが社を想像してみるのもいいかもしれません。
到達目標を明確にするとビジョンも明確になります。

　不透明な将来が不安を招きます。**混迷の時期こそ明確なビジョン
を社員や社会に示す時**です。経営理念を実現し、2030年にどのよ

経営ビジョン作成シート

2030年のわが社の事業は

2030年の売上目標、経常利益目標は

2030年の目標自己資本比率は

2030年の従業員数、組織体制は

2030年の店舗数、工場、オフィスは

2030年の給与水準、従業員満足度、定着率は

その他

（　　　　年　　　　月　　　　日作成）

経営計画編

うな形で存在すべきか、そのために必要となる規模、収益力、財務力、人材力などの目標を明確にしましょう。

今いる従業員が2030年にやりがいのある仕事をしている姿や家族と幸せな生活を過ごすのに必要な給与から逆算すると、目標とすべき売上高や利益や人員が見えてきます。**経営ビジョンが明確になると、そのビジョンを達成するための方針が必要となります。**

経営理念と経営ビジョンの違い

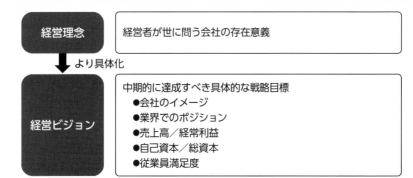

▶「経営方針」は経営ビジョン実現のための経営戦略

経営方針には、経営ビジョンを実現するための経営戦略をまとめます。経営戦略とは、「企業の長期的な目標を達成するための将来の道筋を、企業環境とのかかわりで示した長期的な構想」をいいます。これは、経営ビジョンを達成するために、経営資源を効果的に割りあてる思考の仕組みでもあります。

経営戦略を思考し決定するためには、経営戦略論で紹介されているフレームワーク (思考のための枠組み) **を活用するのが一般的**です。経営ビジョンを実現するために、これから何をすればいいのかを次ページの「経営方針作成シート」に書き込んでみましょう。

経営方針作成シート

1 基本方針（重点施策）　　　　　　　　（2以降を先に記入し最後に全体をまとめましょう）

2 どの商品・サービスを売るか　　　　　（どの商品サービスで勝負するかを検討します）

3 誰に売るか　　　　　　　　　　　　（どの市場で勝負するかを検討します）

4 どのような方法で売るか　　　　　　（販売の仕方で工夫できないかを検討します）

5 どのようにつくるか（製造業の場合）　　　　（製造工程の見直しを検討します）

6 どのような組織にするか　　　　　　（時代に合った組織体系を検討します）

7 社内の教育体制は　　　　　（新たな取組みを行うための社員教育の仕組みを検討します）

8 生産性向上への対応、環境への対応　　　　（賃金・給与の引上げには、1人当たり利益を増大する工夫が必要です。環境への取り組み方針も考慮する時代です）

9 その他

（　　　　年　　　　月　　　　日作成）

経営計画 編

3 数字計画は「6ステップ」で 作成し、実現可能性を高めよう

現状認識から必要利益と売上高の算定、課題の解決まで

▶現状認識からスタートし経営課題を明確化する

実現可能性の高い数字計画は、次のステップでつくりましょう。

ステップ1 現状認識をする

過去2〜3期の貸借対照表、損益計算書などをもとに、自社の強みと弱みを把握します。

〔計画のポイント〕

●過去の数字の変化は経済活動の結果です。必ず原因があります。 外部環境・内部資源の変化と数字を関連づけて考えましょう

●ビジネスモデル俯瞰図を俯瞰してみましょう

ステップ2 環境認識をする

自社を取り巻く、経済・社会の変動やマーケットの推移を認識します。先見力・洞察力がものをいいます。

〔計画のポイント〕

●SWOT分析をしてみましょう

ステップ3 必要利益を算定する

税引前利益はいくらが望ましいかを算定するステップです。

〔計画のポイント〕

　必要利益を求める方法には、次のようなものがあります。

●将来の必要資金から必要な利益を求める方法

●将来の成長戦略のために必要な利益を求める方法

●同業他社との比較により目標利益を求める方法

●１人当たり利益から求める方法

[ステップ4] 必要売上高を算定する

　売上高はどの程度必要かを算定するステップです。

〔計画のポイント〕

●変動損益計算書を活用すると目標利益から算定できます

$$
必要売上高 \ = \ \frac{目標利益＋固定費}{限界利益率}
$$

[ステップ5] 予想売上高とのギャップ（課題）を解決する

　ステップ4で算定された売上高が、予想売上高とギャップがある場合、それが経営課題となります。

　必要利益をクリアするためには、売上高の増加（高付加価値商品への転換・新商品の取扱い・新市場への参入など）、変動費の削減（仕入・材料購入先や外注先の見直し・単価交渉など）、固定費の削減が必要になってきます。

〔計画のポイント]

●経営デザインシートを活用して、課題解決の方向性を決めましょう

[ステップ6] 経営課題を明確化する

　ステップ5で経営課題を明確に把握し、その解決方法を確立したら、それを再度文章化し、経営方針を具体的に作成します。

4 数字計画の中の「売上高・限界利益計画」を作成しよう

商品市場マトリックスも活用して売上増を目指す

　経営理念・経営ビジョン・経営方針の作成を終えたら、次は数字計画（経営計画）の作成です。

▶現状の売上高の分析からスタート！

　まずは、現状の売上高の分析を行いましょう。

ステップ1 取り扱っている商品、サービスを分類する

　自社が取り扱っている商品サービスを分類し、**商品・サービス別、または得意先別の限界利益を計算し利益率の高い順に並べます**。

　そして、次ページシートの「直前期の商品・サービス別売上高・限界利益」に記入してみましょう。

　利益率の高い商品・サービスや得意先について、その原因を分析し、ほかの商品・サービスや得意先に応用できないかを検討します。逆に、利益率の低い商品・サービスや得意先についての原因を分析し、今後の取扱いの有無を検討します。

ステップ2 事業内容を分類する

　ひとつの会社でも、複数の事業を営んでいることが、一般的です。経営計画書を作成する場合には、事業は、日本標準産業分類の中分類・小分類・細分類で分類します。

直前期の商品・サービス別売上高・限界利益

商品・サービス別		A商品		B商品		C商品		その他		合計	
売上高			100%		100%		100%		100%		100%
変動費	仕入高										
	販売手数料										
	発送配達費										
限界利益(売上高-変動費)			%		%		%		%		%

直前期の事業別売上高・限界利益

事業別		A事業		B事業		C事業		その他		合計	
売上高			100%		100%		100%		100%		100%
変動費	仕入高										
	販売手数料										
	発送配達費										
限界利益(売上高-変動費)			%		%		%		%		%

●売上高・変動費・限界利益・固定費の区分と考え方は 156 ページを参照
●商品・サービス別または事業別に区分しやすいものから作成しましょう

　たとえば、焼肉店の場合は、細分類 7625「焼肉店」が事業となります。テイクアウトを始めると、小分類 771「持ち帰り飲食サービス業」の事業も行っていることとなります。

　業種は、自社が営む事業のうちもっとも売上または限界利益が大きい事業が属する日本標準産業分類の大分類で分類します。

　上の「直前期の事業別売上高・限界利益」に記入してみましょう。

ステップ3 事業の将来を予測する

　新しいことを何もしない場合、つまり現状のまま継続していく時には、数値はどうなっていくでしょうか。

経営計画編

右肩上がりに伸びていくでしょうか。

それともずっと同じ数字をキープしていくでしょうか。

もしくは、じりじりと数字が落ちていくでしょうか。

過去の推移から判断して５年間の数値を金額または前年比で予測してみましょう。

可能であれば、過年度の推移の原因を分析し、さらに商流のエンドユーザーが、社会や趣向の変化によりどのような動向を示すかを自社の事業別に検討すると、将来予測の精度が上がります。

予測した５年間の売上高・限界利益を次ページの「商品・サービス別５カ年成行予測シート」に記入してみましょう。

▶ 「商品・市場マトリックス」を活用して考える

現状の事業・商品・サービスは、市場の拡大縮小、競合の状況により変化します。何もしなければ、売上および限界利益は減少するのが一般的です。

目標利益を達成するためには売上を増やすか、限界利益率を上げるか、固定費を減らすかのいずれかを行う必要があります。

市場が縮小していく現代社会において売上を増やすことは難しいことですが、**売上を増やす戦略的思考を行うのに利用されるフレームワークが、179ページの商品・市場マトリックス**です。

この商品・市場マトリックスは、Ｈ・Ｉ・アンゾフの提唱したものです。彼は、商品（サービス）と市場を「既存」と「新規」に区分し、各々の象限で戦略が異なることを明らかにしました。

このマトリックスは、179ページのように４象限に分けることができ、各々の「打つべき手」も異なります。

経営資源の少ない**中小企業においては、このマトリックスのⅠ〜Ⅳのどの戦略をとるか明確にし、その戦略に合った適切な打ち手を**

商品・サービス別５カ年成行予測シート

		１年後	２年後	３年後	４年後	５年後
Ａ商品売上高		100%	100%	100%	100%	100%
変動費	仕入高					
	販売手数料					
	発送配達費					
	計					
限界利益(売上高-変動費)		%	%	%	%	%
Ｂ商品売上高		100%	100%	100%	100%	100%
変動費	仕入高					
	販売手数料					
	発送配達費					
	計					
限界利益(売上高-変動費)		%	%	%	%	%
Ｃ商品売上高		100%	100%	100%	100%	100%
変動費	仕入高					
	販売手数料					
	発送配達費					
	計					
限界利益(売上高-変動費)		%	%	%	%	%
その他商品売上高		100%	100%	100%	100%	100%
変動費	仕入高					
	販売手数料					
	発送配達費					
	計					
限界利益(売上高-変動費)		%	%	%	%	%
合計　売上高		100%	100%	100%	100%	100%
変動費	仕入高					
	販売手数料					
	発送配達費					
	計					
限界利益(売上高-変動費)		%	%	%	%	%

●事業別に区分した場合には、商品を事業に変えて作成してみましょう
●現状の商品・サービスを変えず、何もしない場合、今後の外部環境の変化により、売上高・限界利益がどのように推移するか想像し記入してみましょう（通常何もしないと、売上高・限界利益は減少していきます）

実現するために、経営資源を投入することが大切です。

　自社の市場戦略については、次ページ下表の「自社の市場戦略書込みシート」に自社の商品・サービスを記入し、それぞれどの戦略をとるか検討し、具体的な行動計画を「打ち手」欄に記入してみましょう。

　マトリックスのⅠ～Ⅳの内容について少しくわしく説明すると、次のようになります。

Ⅰ 市場深耕戦略 （既存市場－既存商品）

　市場深耕戦略とは、既存の市場（ないしは得意先）に対し、既存の商品を浸透させる戦略であり、そのためには、社員教育の徹底化や接客マナーの向上などを実施し、お客様との密着度を高めていくことが大切です。

Ⅱ 新市場開拓戦略 （新市場－既存商品）

　新市場開拓戦略とは、新市場に対して、既存の商品を投入していくことで、売上高を高めようという戦略です。

　このためには、新市場向き人材のスカウトが必要になってくる場合もあるでしょうし、積極的に同業他社とのアライアンス（企業間の提携）をしたり、積極的かつ効果的な広告宣伝活動も充実させていかなければなりません。

Ⅲ 新商品開発戦略 （既存市場－新商品）

　新商品開発戦略とは、既存市場に対して、新規の商品を開発して投入することで売上高を高めようという戦略です。

　自分で開発しなくても、他社で開発したものを扱い始めることもあてはまります。

　そのためには、研究開発体制を充実させたり、新商品の機能など

商品・市場マトリックス

	現・商品 (現サービス)	新・商品 (新サービス)
現・市場チャネル (現顧客チャネル)	**Ⅰ 市場深耕戦略** 今の商品を今の市場にもっと売る	**Ⅲ 新商品開発戦略** 新商品を開発し今のお客様に売る
新・市場チャネル (新顧客チャネル)	**Ⅱ 新市場開拓戦略** 今の商品を新市場（商圏・客層）で売る	**Ⅳ 多角化・事業転換** 成長が期待できる業種・業態に転換し新ビジネスを始める

出典）H・I・アンゾフ『最新・経営戦略』

自社の市場戦略書込みシート

商品・サービス	打ち手

商品・市場マトリックスを参考に、自社の商品・サービスを左側に記入し、それぞれどの戦略をとるかを検討します。そして、具体的な行動計画を「打ち手」欄に記入してみましょう

を確実に説明することが大切ですので、コンサルティング・セールスなどが不可欠になります。

Ⅳ 多角化・事業転換 （新市場—新商品）

多角化戦略とは、新市場に新商品を投入することで売上高を高めようという戦略です。

すなわち、成長が期待できる業種・業態に転換して新ビジネスを始めることでもありますので、前記Ⅰ〜Ⅲの戦略と比較して、ハイリスク・ハイリターンのものだといえます。

このため、**厳密な事業計画・採算分析は当然すべきですし、豊富な資金の手当ても必要**になってきます。また、未知の分野に対するチャレンジですので、外部コンサルタントを有効に活用したい分野であるといえます。

▶売上高・限界利益の5年分を予測する

ここまで解説してきたことを踏まえて、最後に売上高・限界利益の5年分の予測をしてみましょう。

打ち手による、売上高・限界利益の増減額を次ページの「打ち手による売上高・限界利益の増減額シート」と「成行＋打ち手による増減シート」に記入してください。

成行計画と増減計画を足した金額が、売上高・限界利益計画となります。

打ち手による売上高・限界利益の増減額シート

		1年後		2年後		3年後		4年後		5年後	
A商品売上高		100%		100%		100%		100%		100%	
変動費	仕入高										
	販売手数料										
	発送配達費										
	計										
限界利益(売上高-変動費)			%		%		%		%		%
B商品売上高		100%		100%		100%		100%		100%	
変動費	仕入高										
	販売手数料										
	発送配達費										
	計										
限界利益(売上高-変動費)			%		%		%		%		%
C商品売上高		100%		100%		100%		100%		100%	
変動費	仕入高										
	販売手数料										
	発送配達費										
	計										
限界利益(売上高-変動費)			%		%		%		%		%
その他商品売上高		100%		100%		100%		100%		100%	
変動費	仕入高										
	販売手数料										
	発送配達費										
	計										
限界利益(売上高-変動費)			%		%		%		%		%
合計　売上高		100%		100%		100%		100%		100%	
変動費	仕入高										
	販売手数料										
	発送配達費										
	計										
限界利益(売上高-変動費)			%		%		%		%		%

成行＋打ち手による増減シート

		1年後		2年後		3年後		4年後		5年後	
合計　売上高		100%		100%		100%		100%		100%	
変動費	仕入高										
	販売手数料										
	発送配達費										
	計										
限界利益(売上高-変動費)			%		%		%		%		%

上表は、商品・サービス別の打ち手を実行することで、売上高・限界利益がどのように増減するかを予想し、増減額を記入しましょう。下表は、成行予測に打ち手の実行による増減予測を加えたものが、売上高・限界利益計画となります

経営計画編

5 「人件費・固定費計画」と「アクションプラン」をつくろう

5カ年予想と経営課題の解決のための費用を見積もる

▶5年分の人件費を予測する

人件費については、現状（前期）の人件費（役員報酬、給与・賞与、福利厚生費など）をベースに、**5年分の予測**をします。

人件費は昇給率（または昇給額）や賞与分配予測、採用・退職予測によって、ほぼ実際の額に近い予測額を算定できます。

次ページの「人件費計画シート」にその予測額を記入してみましょう。見積もりの方法は以下のとおりです。

①役員報酬を予測する

経営者の希望金額を記入します。事業計画が目標利益に達しない場合は、希望額から削減することを検討しなければなりません。

②給与・賞与を予測する

期末従業員数の増減、今後の昇給率をもとに予測します。世界的に給与・賃金の上昇が見込まれています。

③福利厚生費などを予測する

法定福利費・福利厚生費の予想額を記入します。役員報酬、給与・賞与の 15 〜 20％くらいが一般的です。

④期末従業員数を予測する

今後の退職予定者と採用計画にもとづき予測します。

人件費計画シート

	前期	1 年後	2 年後	3 年後	4 年後	5 年後
役員報酬（千円）						
給与・賞与（千円）						
福利厚生費等（千円）						
期末従業員数（人）						

予測の前提

固定費計画シート

			前期	1 年後	2 年後	3 年後	4 年後	5 年後
販売費及び一般管理費	設備費	減価償却費						
		地代家賃・賃借料						
		保険料・修繕費						
		計						
	その他（人件費・設備費以外）							
	販売費及び一般管理費計							
支払利息								

予測の前提

- 上表の「福利厚生費等」には法定福利費その他の厚生費を記入します
- 下表の「減価償却費」は、前期の固定資産台帳をもとに計算します。アクションプラン（185 ページ）に係る設備投資があるときは、その分を追加します
- 下表の「地代家賃・賃借料」は、現状にもとづき、記入します。アクションプランに係る費用があるときは追加します
- 下表の「保険料・修繕費」は、「地代家賃・賃借料」と同様に記入します
- 下表の「その他（人件費・設備費以外）」は、前期の損益計算書の販売費および設備費を除いた金額を記入します。アクションプランに係る費用がある時は追加します
- 下表の「支払利息」は、既存借入金の返済計画から転記します。アクションプランに係る新規借入があるときは、その分を追加します

▶5年分の固定費を予測する

　固定費は売上の増減に関係なく発生します。したがって、新規のリース契約や家賃の更改などの変動要因がない限り、**毎期ほぼ同額の負担が発生すると考えられます**。借入金利息などは、借入金の残高と約定利息から計算します。現状の数値をもとに、固定費の5年分の予測を、前ページの「固定費計画」に記入してみましょう。

▶5年分の「アクションプラン」に係る費用を予測する

　人件費、固定費を成り行きで予測したら、次に、**経営課題の解決（ソリューション）のためのアクションプランに係る費用を予測**します。新たな取組みを始める時は、そこに自社の経営資源（ヒト・モノ・カネ・情報）を投入しなくてはなりません。

　たとえば、飲食店が新事業としてテイクアウト事業を始めようという場合、人材、テイクアウト用メニュー（開発）、テイクアウト用の容器、広告用のチラシ、受注システム、受け渡しカウンターなどが必要となるはずです。既存の経営資源を配置転換などによって投入する場合であっても、新事業のための調査費用、従業員の研修費、広告宣伝費、システム構築費用などがかかってきます。

　これらの費用は、設備費用として資産になるものと、支出時の経費となるものに分かれ、さらに支出時の経費となるものは、一時的なものと、継続的に費用となるものに分けられます。資産となるものは、設備投資計画（187ページ参照）に、費用となるものは固定費計画（183ページ参照）に盛り込みます。

　ここまで作成したものをまとめると、経営計画の損益計画案（189ページ参照）となります。

アクションプラン名　　テイクアウトの実施

実施内容

●テイクアウト用メニューの開発
●販売活動の実施
●カウンターの設置　など

■設備投資の内容　テイクアウト用カウンターの設置

単位：千円

科目	1年後	2年後	3年後	4年後	5年後
建物	500	0	0	0	0

■一時的費用　チラシの作成

単位：千円

科目	1年後	2年後	3年後	4年後	5年後
広告宣伝費	300	0	0	0	0

■継続的費用　受注システムのリース料

単位：千円

科目	1年後	2年後	3年後	4年後	5年後
賃借料	120	120	120	120	120

経営計画編

経営課題を
解決しよう

6 「借入金計画」と 「設備投資計画」をつくろう

借入金の返済、設備投資に伴う新規借入額を整理

▶返済予定表から「借入金計画」を作成

借入金については、前期末の残高をベースに、毎期いくら返済するか、またいくら借り入れるかを検討して返済計画を作成します。

据置期間がある場合、いつから返済が開始されるか、また返済できるかを検討する必要があります。

返済予定表を見ながら、次ページの「借入金計画シート」に5年間の予測を書き込みましょう。

▶設備投資に伴う新規借入金額を整理する

設備投資を行う場合には、新たな借入れを行いますが、資金調達方法には**国などの低利融資制度を活用**できる場合もありますので、覚えておきましょう。

また、思い切った**事業転換などを伴う場合には、返済不要の補助金制度**などもあります。

設備投資などの打ち手とそれに伴う新規の借入金額を整理しましょう。その内容を次ページの「借入金計画シート」の「新規借入予定額」と「設備投資計画シート」に記入します。

借入金計画シート

〔既存借入金〕

借入先	当初借入額	前期末残高	金利	償還期限	元利月額返済額		1年後	2年後	…	5年後
A銀行 ○○支店						返済額(年額)				
						支払利息(年額)				
B銀行 ○○支店						返済額(年額)				
						支払利息(年額)				
C銀行 ○○支店						返済額(年額)				
						支払利息(年額)				
計						返済額(年額)				
						支払利息(年額)				

〔新規借入予定額〕

借入先	借入目的	借入予定額	金利	償還期限	返済期間		1年後	2年後	…	5年後
A銀行 ○○支店						返済額(年額)				
						支払利息(年額)				
B銀行 ○○支店						返済額(年額)				
						支払利息(年額)				
C銀行 ○○支店						返済額(年額)				
						支払利息(年額)				
計						返済額(年額)				
						支払利息(年額)				

- ●借入金の返済予定表にもとづき記入してください
- ●支払利息の年計の金額を固定費計画の支払利息に転記します

設備投資計画シート

開始年月	設備投資の内訳	設備投資の内訳					
		1年後	2年後	3年後	4年後	5年後	計

7 「損益計画」と「資金計画」を まとめよう

利益の増加方法を検討し、資金不足がないかを確認

▶ 5 カ年の損益、資金は足りるかを予測する

　売上高・限界利益計画（174 ページ参照）、人件費計画・固定費計画（182 ページ参照）、借入金計画・設備投資計画（186 ページ参照）を成り行きで作成したら、これらをまとめて、5 カ年の損益計画と資金計画を作成します。

　5 カ年の損益がどうなるか、資金は足りるかを確認します。**資金が不足するなら、重大な経営課題の発生です。**いつ不足するのか、いくら不足するのかを確認し、具体的な解決策を検討して資金計画に盛り込みます。資金不足を解決する方法は、次のいずれかです。

資金不足の解決策
- ●利益を増やす
- ●新たに借り入れる
- ●返済額を減らす

▶利益を増やす方法を検討する

　中期経営計画と損益計画では、利益を増やす方法を検討します。

損益計画シート

			1年後	2年後	3年後	4年後	5年後
		売上高					
変動費		仕入高					
		販売手数料					
		発送配達費					
		計					
限界利益 (売上高−変動費)							
固定費	人件費	役員報酬					
		給与・賞与					
		福利厚生費等					
	設備費	減価償却費					
		地代家賃・賃借料					
		保険料・修繕費					
		計					
	その他 (人件費・設備費以外)						
	支払利息						
	固定費計						
経常利益 (限界利益−固定費)							
期末従業員数 (人)							

資金計画シート

			1年後	2年後	3年後	4年後	5年後
		売上高					
		変動費					
限界利益 (売上高 - 変動費)							
変動費	人件費						
	設備費 (減価償却費を除く)						
	その他 (人件費・設備費以外)						
	支払利息						
	固定費計						
償却前経常利益 (限界利益−固定費)		A					
納税	法人税等の支払 (−)	B					
設備投資	固定資産の増加 (−)	C					
	固定資産の売却 (+)	D					
借入金	既存借入金の返済 (−)	E					
	新規借入金の調達 (+)	F					
	新規借入金の返済 (−)	G					
資金の増減 (B〜G の差引計)							
現預金残 (A−B−C+D−E+F−G)							

利益を増やす方法
- ●売上を増やす
- ●限界利益率を高める
- ●固定費を減らす

どれかひとつを行うのではなく、将来外部環境の変化を予測し、できることを計画して、損益計画書に盛り込みます。

▶資金調達の余裕がある時、不足する時の対処法

資金調達の余裕がある場合は、資金不足予定額を新たに借り入れる方法もあります。この場合は、借入予定の金融機関に早めに相談することが大切です。決算書と、作成した**中期経営計画書**(事業計画書)**をもとに今後の資金計画を説明しておくと、有利な条件での借入れが可能**となります。

約定どおりの返済を行うと資金不足になってしまう場合は、返済額を返済できる金額に減らす方法があります。

返済額を減らす方法としては、複数の約定返済の借入れを一本化したり、正常運転資金部分について、当座貸越などの金利負担のみの借入れに変更する方法があります。

金融機関が変更に応じてくれない場合は、既存借入の返済条件の見直し（リスケといいます）をお願いすることとなります。

この場合は、経営改善計画書（将来の借入れの返済が可能であることを約束する中期経営計画書）の提出を求められます。経営改善期間中に返済条件の正常化のために資本性借入金の導入を要請することも返済額の減少につながります。

第 **6** 章

会計の「自動化」を 実現して、資金調達力 を強化しよう

インターネットの活用や様々な会計システムの連携で、
正確でタイムリーな情報提供を可能にしよう

1 会計情報の提供スピードアップ、事務の生産性向上を！

IT利活用で金融機関からの信用度もアップ

▶会計自動化で資金調達力が上がるワケ

　前章までの内容で、資金調達力を高めるために何をすべきか、がみなさまの中で明確になったのではないでしょうか。それを実行し、資金調達力を高めるための方法のひとつが「会計の自動化」です。このことは**2つの点で資金調達力を高めることにつながります**。

その1 経営状況、資金の流れが早期にわかる

　ひとつ目は、会計情報から自社の経営状況や資金の流れを早期につかめるようになることです。

　金融機関などの資金調達先に、融資実行のための情報を適宜、提供できる体制を構築できれば、より早期の資金調達が可能となります。加えて、**適時に情報を開示することで調達先からの信頼が高まり、結果として自社の資金調達力が強まります**。

その2 ＩＴ利活用を金融機関などが評価してくれる

　2つ目は、ＩＴ利活用による生産性向上に向けた取組みを調達先が評価してくれるという点です。

　本書でも紹介したローカルベンチマーク（非財務情報）には、「ＩＴに関する投資、活用の状況」や「1時間当たり付加価値（生産性）向

上に向けた取組み」を記載する欄が設けられています。企業の**生産性向上にはITの利活用は不可欠であり、資金調達においても重要な視点のひとつ**になっています。

▶自動化の前には、必ず目的を明確に！

　会計とは、企業などの組織における入出金やモノなどの増減について、貨幣を単位として記録・計算することをいいます。企業の意思決定と経営活動の"結果"を測定する手段であり、最終的には、経営成績や財政状態をあらわす決算書としてまとめられます。

　また、「会計とは事業の言語」といわれるように、すべての人の共通言語となるものです。

　会計情報は、「経営者が意思決定を行うため」「会社法で計算書類（決算書）の作成を求められるため」「税務申告を行うため」など様々な目的で作成されます。本書のテーマである「資金調達力を強化する」ことも、目的のひとつです。

　帳簿や決算書を作成することは、会計の目的ではありません。この点は、経営者だけでなく、経理担当者も十分に理解しておく必要があります。本章でとり上げる会計の自動化にあたっても、改めて会計情報を作成する目的を考えてみましょう。

　大切なことは、目的を意識して会計情報を作成することです。

▶経営判断にはタイムリーな会計情報が必須

　適切な経営判断をするためには、会計情報をタイムリーにつかみ、経営状況を「見える化」することが大切です。

　たとえば、現時点で事業年度開始から6カ月が経過していたら、前事業年度の決算書を見て現在の会社の状況を把握することはでき

るでしょうか。あるいは、3カ月前の月次試算表を見て現状を把握できるでしょうか。社会環境は、刻一刻と変化しており、年々、変化の速度も増しています。**会計情報も更新する頻度を上げ、適時に提供する重要性が増している**のです。

▶情報の正確さと提供スピードを確保

　適時の会計情報が求められる一方で、会計情報は正確であることを求められます。しかし、正確に作成するために時間をかけすぎると情報が古いものとなり、情報としての価値が下がってしまいます。情報は正確であるのと同時に、適時に作成されるようにしなければなりません。

　正確性と適時性を満たしながら会計情報を作成するためには、工夫も必要です。たとえば、未確定な事象があった場合に、その確定を待っていては、適時性を保つことは難しくなります。

　そこで、**合理的な見積計算を行って、暫定的な情報として把握し、会計情報の提供スピードを確保する**ことも有効です。

　たとえば、一般的に、次のような見積計算があります。

見積計算の例

①賞与、賞与引当金、退職給付引当金

　給与規程や退職金規程などにもとづいて支給時期を見据え、総支給金額を見積計算し、対応月で按分して概算金額を費用計上

②減価償却費

　減価償却対象資産を事業年度末まで事業に使用する前提で減価償却費を計算し、経過月に按分して概算金額を費用計上

合理的な計算が必要

▶まずは使用中の会計ソフトの機能確認を！

　正確、かつ適時に会計情報を作成するのは難しいと考える方も多いかもしれません。確かに昔のようにソロバンを使って手書きで帳簿を作成し、手集計で会計残高を集計しなければならない時代であれば難しいと思います。

　しかし、現在では大半の会社でパソコンが導入され、帳簿の作成や会計情報の集計を行っています。会計ソフトには便利な機能が搭載されているので、正確かつ適時に会計情報を作成できるように支援してくれます。

　この章では、これから会計ソフトの便利な機能を紹介していきますが、ソフトごとに詳細は異なるため、紹介するのは一般的な例です。また、機能には、有償オプションのものもあれば、会計ソフトに標準的に搭載され、無償で利用できるものもあります。

　すでに搭載されている便利な機能があるのに、それを知らずに十分に活用していなければ、大変もったいないことです。

　会社で使っている会計ソフトにどのような機能が搭載されているか、あるいは、追加オプション機能として用意されているかを、確認しておきましょう。

2 銀行、カード、電子マネーの取引を「自動化」

取引情報が即時に反映され、事務負担も減る

▶ 「銀行残高受信機能」で入出金取引を自動仕訳

　会計ソフトの機能として、知っておきたいもののひとつに「銀行残高受信機能」があります。この機能はインターネットを利用して**預貯金の入出金取引データを自動受信し、会計伝票（仕訳）を自動生成**するものです。

　たとえば、預金通帳には、いつ、いくらの入出金があったかということや、入金先と出金先、電気代、水道料のように具体的な取引内容が記載されています。これらの入出金情報を、会計ソフトがインターネットを介して受信するのです。

導入の条件

インターネットを通じて情報を取得しますので、環境整備が必要です。また、金融機関のインターネットバンキングサービスを契約していることが必要になります。

▶仕訳ルールを学習させよう

　預金通帳を見るとわかるように、すべての取引について相手先や

取引内容が記載されているわけではありません。必要な情報が不足すると、仕訳の自動生成はできなくなるため、不足情報については、会社側で補う必要があります。

とはいえ、それをいちいち手作業でやっていては大変です。そこで、会計ソフトに仕訳ルールを学習させます。仕訳ルールの学習機能とは、**一度、起票された仕訳を記憶して、同様の取引が生じた時に、仕訳を自動生成して提示**するというものです。

たとえば、A社へ10万円の振込（出金）をしたとしましょう。このA社は材料仕入先で、通常、材料仕入代金のみが生じています。通帳には出金欄に「100,000　　カ）Aシャ」と記載されているイメージです。

しかし、会計ソフト側では、何のための出金かがわからないので、仕訳を自動生成することはできません。

そこで、A社の取引を会計ソフトに「A社への買掛金の支払い」として登録して起票します。そうすると、会計ソフトがこの仕訳ルールを学習し、受信した預金取引が"出金である"かつ"相手先がA社である"時は、"A社への買掛金の支払い"という仕訳が自動生成されるようになります。

銀行取引の自動化システムの例

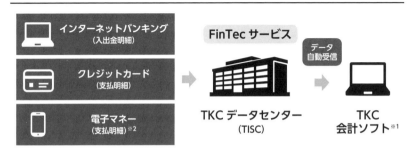

※1 自計化システム（株式会社ＴＫＣが提供しているもの）
※2 このシステムでは、モバイル Suica、nanaco、楽天 Edy などにも対応

▶カード、電子マネー取引の「残高受信機能」を使う

クレジットカードや電子マネーの取引データを、インターネットを通じて自動受信し、会計伝票(仕訳)を自動生成するのが、「クレジットカード、電子マネー残高受信機能」です。

仕組みは、先ほどの銀行残高受信機能と同様です。クレジットカードを使用すると、**いつ、どのお店で、いくら使用したか**という情報がカード会社へ集約されるので、その情報を受信します。

また、電子マネーについても、**いつ、いくらチャージしたのか、いつ、いくら何に使ったのか**という情報を入手します。

そうして入手した情報をもとに、仕訳ルールを学習させると、自動仕訳が生成されるようになります。

> **導入の条件**
>
> インターネットを通じて情報を取得しますので、環境整備が必要です。カード会社や電子マネーの残高と取引明細をＷｅｂ上で確認できるサービスを契約していることが前提となります。

▶選択肢を提示させる仕訳ルールをつくろう

仕訳の自動生成にあたっては、複数の勘定科目が想定される場合があります。たとえば、ドラッグストアで購入した場合には、「消耗品費」(文房具)となるものだけでなく、「厚生費」(買置きの薬)となるものもあります。こうした場合、ドラッグストアでの購入については、「消耗品費」「厚生費」の２つを仕訳ルールとして学習させ、選択肢を提示させるようにできます。

▶小口現金の管理や旅費精算を省力化！

　クレジットカード受信機能の活用例には、消耗品の購入などがあげられます。**クレジットカードで決済することで、現金精算の手間がなくなるだけでなく、小口現金の管理も楽になります。**

　電子マネーの活用例としては、交通機関が発行する電子マネーがあります。たとえば、商談などで電車をよく利用する経営者に対して、ひとつの電子マネーを割り当て、利用の都度、情報を自動受信して仕訳を自動生成する仕組みを整えます。

　電子マネーへのチャージは、会社の預金口座やクレジットカードからできるので、**旅費精算書をつくる手間も、精算する手間もなくなります**。さらに、会計上、電子マネーごとに補助コード管理を行えば、受信したデータには乗降駅名も記録されていますので、誰が、いつ、何に使ったのかも把握できます。たくさんの営業社員が在籍していて採用が難しい場合には、経費精算システムなどの他システムのデータも会計ソフトに連携させることができます。

　たとえば、下のようにAを個人別の補助コードとして区分することで、A氏の電子マネーの増減・残高データを、会計情報として取り込みます。このように電子マネー別に区分管理することによって、会計側でも個人別の電子マネーの使用状況などを把握できます。

Ｓｕｉｃａとクレジットカードを使用した時の仕訳
●電子マネーへ 10,000 円をカードからチャージした時
　（借方）現金 Suica A　（貸方）カード未払金　10,000
●電子マネーで乗車し、交通費として 3,000 円分を使用した
　（借方）旅費交通費　　　（貸方）現金 Suica A　3,000

ＩＴ利活用編

3 給与計算ソフトと連携して、会計を「自動化」

部門別管理の際の集計ミス、転記ミスも防げる

▶給与明細にある項目を自動仕訳の対象に

給与計算は、給与計算ソフトで行っている会社が多いことでしょう。給与明細には、通常、①支給金額（給与として支払われる金額）、②控除金額（給与天引で会社が預かる金額）の２つの情報が記載されています。そして、①支給金額から②控除金額を引いた金額が、実際に従業員に支払われる金額です。

給与計算ソフト上に存在するこれらの情報については、本来、仕訳を起こして会計ソフトに入力する必要があります。

しかし、**給与計算ソフトと会計ソフトを連携させることで、仕訳を自動生成**できるようになります。

▶「区分」を設定すると処理がラクになる

給与に関わる取引は、支給項目や控除項目ごとに性質が異なり、計上される勘定科目も異なるため、自動仕訳を生成する際には、事前の設定が必要となります。

たとえば、**製造部門の社員の場合は、製造原価における「労務費」の区分に、販売部門の社員の場合は、「販売費及び一般管理費」の区分に計上**されるように設定しておきます。

給与から天引きする所得税などの控除項目については、「預り金」として計上しますが、この預り金も、システム設定時に、**源泉所得税や住民税、社会保険料など、性質の異なるものごとに区分を設定**しておくとよいでしょう。

　区分ごとに口座管理をしておくと、納付後の預り金の残高チェックも楽になります。また、新たな支給項目や控除項目を作成する場合には、あわせて勘定科目の設定を行うことが必要です。

▶メリット大！　部門別管理で集計・転記ミスを防ぐ

　給与計算ソフトと会計ソフトを連携することで、とくにメリットが大きいのは、部門別損益計算書を作成している会社です。

　部門別損益計算書では、部門ごとに給与関係の仕訳を計上する必要があります。これを手計算で集計すると、ミスが起こる可能性が高まりますし、部門数が多いと転記を誤る可能性もあります。また、その確認作業を含めると相当な手間が生じます。

　しかし、給与計算ソフトと会計ソフトの部門情報を統一しておくと、部門ごとに区分された情報を、給与計算ソフトから会計ソフトに連携させることができます。

　部門別の自動仕訳を生成することが可能になりますので、この機能を活用すべきでしょう。**部門別の集計ミスや転記ミスもなくなり、正確な部門別損益計算書を作成できるので、経営判断の誤りも防ぐことができる**ようになります。

ＩＴ利活用編

4 店舗経営で、販売・売上に 関する項目を「自動化」

売上情報がタイムリーにわかり、消費税の処理もラク

▶POSレジ情報を会計ソフトに連携させる

　小売業や飲食業などの店舗に設置したレジのうち、販売時点の情報を記録・集計するシステムとして完備したものを、POSレジといいます。現在では多くの店で利用されているもので、このPOSレジには、売上を中心とした取引情報が集約されています。

　このPOSレジの取引情報を「レジデータ連携機能」を使って会計ソフトに連携させると、自動仕訳を生成することができます。これにより、タイムリーに会計情報が作成されるだけでなく、売上関連の仕訳入力を省力化できます。また、正確な会計情報を作成するためにも、大きな効果を発揮します。

　複数店舗を経営している場合は、店舗ごとに部門損益を計算している会社も多いので、どの店舗の売上として計上するかをコード区分などによって事前に設定しておくと、部門別損益計算書を正確かつ省力的に作成することができます。

▶消費税に関する会計処理の負担を軽減！

　2019年10月から消費税に複数税率制度が導入され、酒類・外食を除く飲食料品などについては軽減税率8％が、それ以外につい

ては標準税率 10%が適用されています。

　小売業や飲食業では、商品の種類に応じて、あるいは提供方法（たとえば、店内飲食とテイクアウト）に応じて適用する税率を変えなくてはならなくなりました。

　消費税の納税義務者となる会社では、正しい税務申告を行うために、この**複数税率を正確に区分しなければならず、それが経理担当者にとっても、大きな負担**になっています。

　この「レジデータ連携機能」を活用することで、そのような負担も軽減されることになります。

▶運用のコツは事前の設定を正しくすること

「レジデータ連携機能」を有効に活用するためには、"事前の設定"が肝心です。商品ごと、あるいは提供方法ごとに消費税率が適正に適用されるように設定を行う必要があります。

　一般に、小売業や飲食業は、取引数が多くなるため、一つひとつの取引を丁寧にチェックすることは、なかなか難しいことです。しかし、システムは設定したとおりに運用されるので、正しく設定しさえすれば、必ず正しい会計情報が作成されます。

　作成される**会計情報の正確性を高めるためには、システムが正しく設定されているかを定期的に確認することも必要**です。

　飲食業では商品数も多いですが、同じ商品でも店内飲食（標準税率10%）の場合とテイクアウト（軽減税率8%）の場合があり、適用税率が混在するケースも想定されます。そのような時には、店内飲食用とテイクアウト用でそれぞれ商品登録するなど、適用税率に注意した設定が必要です。

　点検する中で誤りを発見した場合は、修正すべき箇所をシステムで抽出し、対処します。

5 販売管理ソフトと連携して会計を「自動化」

利益を生み出している商品の把握がカンタンに

▶商品別、部門別などの会計情報を正確につかもう

　販売管理ソフトには、販売先ごとの販売実績や請求額、入金額に関する情報などが集約されています。これらの情報を会計ソフトと連携すると仕訳を自動生成することができます。

　会社では、商品やサービスの種類ごとに売上高を把握する場合があります。また、部門別損益計算書を作成している会社では、部門ごとに売上高を把握します。代金の回収方法も、現金、銀行振込、受取手形による回収というように様々です。

　こうした会計情報を自動作成できれば経理事務の省力化につながります。また、取引実績が集約されている**販売管理ソフトの情報をもとに会計情報が作成されるため、正確性が担保**されます。

▶事前設定で、販売先コードや部門別情報を統一

　販売管理システムと会計ソフトを連携する場合も、**事前の設定が肝心です**。販売管理ソフトと会計ソフトの販売先コードや部門情報を統一的に設定し、商品やサービスに応じて計上する勘定科目を割りあてておく必要があります。

　また、連携のメリットとして、他社が製造した商品を仕入れて消

費者へ販売する場合も、販売管理ソフトとの連携により、自社商品と他社商品の売上高を区分して集計することが容易になります。自社商品の売上高と他社商品の売上高を区分して把握できれば、それぞれの売上原価（製造原価と商品仕入原価）と対比することができ、**利益を生み出している商品を把握することが可能**になります。

　自社の利益の源泉が自社商品なのか、他社商品なのかを把握し、今後の販売計画や製造計画に活かすことができれば、経営上の意思決定に大変役立つ情報となります。

·COLUMN·

家計簿アプリもけっこう優れもの

　スマートフォンに登録できる家計簿アプリというものがあります。私が購入した家計簿アプリには、本章で紹介しているような機能が搭載されており、手入力する必要がほとんどありません。

　たとえば、預金残高はインターネットバンキングを通じてタイムリーに自動受信し、取引内容に応じて項目が自動提示されます。給与の入金があれば、給与による収入として登録されます。通販サイトで購入したものは、商品名などにもとづいて日用品や飲食料品といった項目に自動で振り分けてくれます。

　現金取引は手入力しなくてはならないので、自然と避けるようにもなり、可能な限り電子マネーやクレジットカードで決済するようになりました。

　慣れてきたところで、毎月項目ごとに予算を設定できる機能を活用し、実績と対比するようになりました。おかげで節約意識が高まり、だいぶ消費を抑えることができるようになりました！

IT利活用編

6 基幹システムや表計算ソフトと連携して、「自動化」

エクセルなどの情報を取り込み経理事務を省力化する

▶システムの中の「使える」情報を探そう

　会社で使われているシステムには、様々な情報が集約されており、その中に会計情報が含まれていることが多々あります。

　たとえば、**製造業における基幹システムには、製造原価に関する情報が集積**されているため、製造原価の計算で使える材料仕入などの購買情報や在庫に関する情報が含まれているはずです。

　必要な情報を抽出して製造取引に関する自動仕訳を生成することができれば、正確な情報を、省力化して会計ソフトに取り込むことが可能となります。

▶情報を出力して連携できるものを確認

　基幹システムとの連携を行う際には、まず、会計情報に関連する情報を、システムから出力（アウトプット）します。

　次に、その情報を会計情報として取り込むための設定を行います。具体的には、関連する勘定科目や連携対象となる金額、消費税の取扱い、その他参照すべき情報をあらかじめ設定します。

　そして、その設定にもとづいて会計ソフトに連携させ、仕訳を自動生成させます。

この機能においても事前の設定が大切です。

システムによって**出力されるファイル形式**（csv形式やtxt形式など）**は様々ですので、まずはどのような情報が出力できるのかを、確認**することから始めましょう。

そして、出力された情報を見て、どこにどのような情報があるのか、そしてその情報の中で会計情報と連携できる情報はどれか、仕訳を生成するうえで不足する情報はないかなどを勘案しながら、会計ソフトと連携するための設定を行っていきます。

▶表計算ソフトから自動仕訳をつくろう

多くの会社では、表計算ソフト（エクセルなど）を使用し、何らかの情報を管理していることでしょう。

この中には、会計情報として取り込める情報が含まれていることがあります。その情報を会計ソフトに連携させれば、自動仕訳を生成することが可能です。

部門別損益計算書を作成している会社では、部門ごとに損益を集計するために、複数部門で共通して生じる経費などは基準を設けて配賦計算（どの部門にいくら計上するか）を行っています。

この配賦計算を表計算ソフトで行っている場合は、計算結果を踏まえて会計情報に取り込むことで、経理事務を省力化することができます。

人の手で計算・入力するとなると、ミスをする可能性も高まりますので、正確性を担保することも、システムの連携を行うメリットになります。

7 自動化する時に押さえたい 「4つのこと」

早期に経営状況や資金繰りを把握できるようにしよう

　これまでに紹介した機能を活用して会計情報の作成を自動化できれば、**早期に自社の経営状況や資金繰りを把握**できます。これらの情報を金融機関などに早期に提供することで、スムーズな資金調達も期待できます。適時正確な会計情報を提供できる会社は、金融機関などの資金調達先から信頼を得ることができるでしょう。

　以上を踏まえて会計情報の自動化のコツをまとめてみます。

▶自動化に必要な環境を整備する

　この章で紹介した機能を使用するには、環境を整える必要があります。パソコンの導入はもちろん、インターネット環境の整備、会計ソフトを中心とするソフトウェアの購入、インターネットバンキングの契約、クレジットカードＷｅｂ明細機能の契約などです。

　すべてをいきなり整えることは難しいかもしれませんので、まずは現在の環境で、活用できる機能を確認してみましょう。

　新たに環境整備を行う際は、コスト（費用）と時間がかかるので、それに見合ったリターン（便益）が生まれるかも検討しておきます。

▶税理士などの外部の人にも協力してもらう

　自動化と口にするのは簡単ですが、すべてを自動化できるわけで

はありません。まずは会計ソフトの機能を知ることから始め、その機能を発揮させるための条件を認識し、その機能によって自動化が実現できるかどうかを確認しましょう。

自動化を実現させるためには、社内の人だけでなく、ソフトウェアメーカーや税理士などの外部の人にも協力を要請するとよいでしょう。**課題解決のヒントが得られる**ことがあります。

▶システム設定を定期的に確認する

自動化されたシステムは設定されたとおりに運用されます。

設定が間違っていると誤った情報を取り込んでしまう可能性があるため、正しく設定されているかを定期的に確認し、**新しい取引が生じた時は、設定を変える必要がないか、注意**します。

設定は自社だけで行うのではなく、外部の人、たとえば税理士などに設定の段階から相談し、正しい会計情報を出力できる設定になっているかなどを確認してもらうとよいでしょう。

税理士などは強力なサポーターとなります。間違った設定により作成された会計情報があれば、いち早く気づいてくれるはずです。また、正しい運用をするためのアドバイスも、もらうことができます。

▶会計データを活用するスキルを身につける

ＩＴの進展により、システム間のデータ連携が容易になりましたが、そもそも会計システムとは、他の業務システムで生成されるデータなどのうち、会計に関するデータを一定の仕訳ルールにのっとり集約するものです。

従来は、各システムなどから出力される情報を、まず紙などで印

刷して、それを「仕訳」して会計情報として入力することで会計システムとの連携をはかっていたわけです。

　このため、「仕訳のできる」人が経理人財として必要とされていました。しかし、本章でとり上げたように、会計データは、自動的に生成できる時代です。

　経理人財に今後求められるスキルは、仕訳能力だけではなくなってきています。一言でいえば「つくるより活用する」スキルが必要とされているのです。それを次章で確認しておきましょう。

第 7 章

人財強化編

戦略的な経理人財を育て、資金調達力を強化しよう

環境変化に対応するためにも、経営資金の確保・調達力と財務経営力を向上させられる経理人財が必要

1 資金の確保・調達、財務経営力の向上をはかるには

戦略的経営力を向上させられる経理人財を育てる

▶「4つの戦略的経営力」を強化しよう

　会社を取り巻く環境は刻一刻と変化しています。新型コロナウイルス感染症、ＡＩの進展、地球環境変動など、会社は様々な事象に対処していかなければなりません。このような環境の変化に対応し、会社を存続させるためには、戦略的経営力が不可欠です。

　戦略的経営力として強化すべきものは、4つあります。

4つの戦略的経営力
①成長のための知恵・知識・ノウハウ
②資金の確保・調達力
③財務経営力（財務状況を把握し、的確な経営方針を構築する力）
④国際競争力に耐えうる技術・人材（人財）

　これらは、経済産業省の「中小企業政策審議会・企業力強化部会」が2011年12月に公表した今後の中小企業政策の方向性を示す中間のまとめの中で指摘されたものですが、現在の状況下でも、その重要性は変わりありません。戦略的経営力は、経営者一人だけではなく、すべての従業員の力を引き出し、結集することにより発揮されなければならないものです。

▶経理人財に求められる「6つのこと」

戦略的経営力を向上させるスキルをもつ経理責任者・担当者を、本書では「戦略的経理人財」と呼ぶことにします。

前章で紹介した会計情報の自動生成ができると、経理事務が省力化・合理化されるので、経理担当者に新たな役割を担ってもらい、会社の戦略的経営力を向上させていくことも可能です。

戦略的経理人財は、前述した4つの戦略的経営力の中でも、とくに、②資金の確保・調達力と③財務経営力（財務状況を把握し、それにもとづいた的確な経営方針を構築する力）の向上に寄与できる人のことをいいます。戦略的経理人財に求められるのは次の6つのことです。

その1 管理会計や財務分析の基礎知識がある

戦略的経理人財には、第一に決算書を読み解く力が必要なため、管理会計や財務分析の一定程度の知識が必要です。さらに経営戦略やマーケティングの基礎知識があると、財務情報を多面的な視点から分析できるようになります。

自己研さんも含めて、このような分野の継続的な知識習得は不可欠になるでしょう。

その2 自ら考えて実行することができる

戦略的経理人財には、正確かつ適時に会計情報を作成するスキルに加えて、課題を発見し、関係者と一緒になってそれを解決する道筋を立て、実行できる力が求められます。

また、経営者の目線で物事をとらえ、経営者が意思決定を行うために有益な会計情報を集約・整理して、わかりやすく提示しなければなりません。

会社の目的を果たすために、今何が必要なのか、自ら考えて実行する力をつけ、戦略的経営力の向上をサポートします。

その3 財務状況をわかりやすく説明できる

会社の会計情報は、事業年度ごとに集約され、

①貸借対照表

②損益計算書

③キャッシュ・フロー計算書

などの決算書にまとめられます。巻末資料でも説明しますが、これらは相互に関係しており、その関係性がわかると、企業活動の結果をより深く理解できるようになります。

戦略的経理人財は、会計情報のもつ意味をしっかりと理解し、**経営者はもちろん、管理層、金融機関などの外部関係者などに、会社の財務状況についてわかりやすく説明する力が求められます**。

自分で理解できていないことを、誰かに説明することはできません。経理責任者・担当者自身の理解を深めさせ、戦略的経理人財としての成長を促すためには、企業業績の変化の理由、たとえば、前期と比較して売上高が増減した理由についても、取引先の変動によるものなのか、商品構成の変化によるものなのか、価格面での変動によるものなのかなど、具体的に説明する機会を設けて経理責任者・担当者の成長を促すとよいでしょう。

その4 重要な会計情報がわかる

会計情報は膨大となることが多いため、経営者は、経理責任者や担当者から決算書を項目ごとに一つひとつ説明されても、要点をつかむことができません。

戦略的経理人財は、**経営者の目線に立って、経営の意思決定に影響を及ぼす重要な情報に的を絞って説明する必要があります**。

具体的には、次の内容についてはつかんでおくべきです。

必ずつかんでおきたいこと

● 当期と過年度との比較で重要な増減が生じている場合には、その理由
● 当期と計画（予算）との比較で重要な増減が生じている場合には、その理由
● 資金が不足していないか、不足の兆候がある場合は、いつ、どの程度不足するのか
● 必要資金の調達方法

その5 数字という共通言語を正しく使える

　会計情報は、経営成績などを同一の尺度で測るためのモノサシです。「おおむね」「だいたい」「たくさん」といった抽象的な言葉は、人によってとらえ方が様々です。たとえば、経営者から予算に対する実績を質問された時に、管理者が80％程度達成している状況を踏まえて「おおむね順調です」と返答としても、経営者は95％程度の達成であるととらえるかもしれません。

　しかし、会計情報というモノサシを使えば、「今月の実績は○○万円で、予算対比○○％となっております」という具体的な返答ができます。これで経営者と現状認識を共有でき、理解の齟齬もなくなります。

　一方で、経営者もモノサシを上手に使いたいものです。たとえば、「経常利益を上げるために、固定費の削減を進めてほしい」という指示を受けても、受け手側はどの程度削減すればよいのかがわかりません。

　しかし、「経理部とも話したが、10％程度の減少が必要だ」とい

人財強化編

う指示であれば、削減の規模や具体策などを検討することができるでしょう。

このように業績改善を進めるうえで、会計情報というモノサシは大変有効です。とりわけ戦略的経理人財には、このモノサシを使うスキルが求められます。

その6 経営者が自社の状況を語れるようサポートできる

中小企業が金融機関から融資を受ける際には、自社の業績などについて質問をされます。

その時に、「会計事務所に任せている」と言ったら、財務経営力は乏しいと判断されるでしょう。

まずは、社内で、できれば**経営者自らが数字をもとに自社の業績を語れるようにしなければなりません**。もっとも、このための材料は経理責任者・担当者などが用意するわけです。

従来、経理担当者に必要とされるスキルは、各種取引を仕訳する力、それを正しく入力し、会計情報の誤りを発見できる力でした。

しかし、前章で解説したように、会計データの入力自動化が進むにつれ、「作成する力」から「読み込む力」へ、情報から問題や課題を「発見する力」へと経理責任者・担当者に必要とされるスキルが大きく変わろうとしています。

会計は共通の
モノサシ

「うちの会社は赤字なの？」

　いろいろな会社を見ていると、社長のタイプは大きく2つに分かれます。自社の数字にあまり興味のない社長の場合。
「今月の売上はすごいですね。20％も上がっていますが、何でこんなに売上が上がったんですか？」
との質問に、
「何でだろうね？」
と社長。
「今月は固定費が通常の月よりも10％ほど高いですが、何かありましたか？」
と質問しても、
「何かあったかなぁ？」
と社長。こうした会社の場合、たまに銀行から税理士事務所に電話がかかってきます。
「○○社の今月の試算表について教えてください。社長に聞いたら数字のことは会計事務所に聞いてくれと言われましたので」
　先日、ある社長からうちの事務所に電話がありました。銀行でまさに借入れの申込みをしている最中みたいでした。
　社長からの第一声は、
「前期、うちの会社は赤字だったの？」
　それもご存知ないですか。融資審査の結果はやはり……。
　その一方で、数字の変動についての質問に対して即答してくれる社長もいます。あなたはどちらのタイプでしょうか？

2 部門別損益計算書の作成と活用ができるようにしよう

部門別損益計算書をつくれば見えない課題がわかる

▶部門の課題や強みをつかんで経営に活かそう

　全社的に見ると損益に問題がなくても、部署によっては問題のある場合があります。

　部門管理を行うと、会社全体で見るより、課題が見えやすくなります。会社を部門ごとに細分化し、部門別や店舗別に検討していくことで、問題点がどこに潜んでいるかが明確にわかるからです。

　人間ドックや健康診断でも、各種検査を通じて悪い箇所（たとえば胃など）を指摘します。会社も同じです。細部を見ることで、原因を知り、直接効く処方せんが出せるようになるのです。

　部門別損益計算書では、会社の財務をより細分化して、問題点や強みなどを判断できることから、これを活用していることは財務経営力の向上につながります。また、資金を調達するうえでも、信頼性が高まり、資金調達力の強化につながります。

▶課題と改善への糸口を探しやすい資料をつくろう

　戦略的経理人財には、部門別損益計算書を見て、経営者に適切な情報提供を行うことが求められます。

　たとえば、次ページの図表を見てください。営業部全体で経常利

益100が計上されていますが、その内訳は営業1課が300、営業2課が△200です。また、営業2課の売上高は2,000と大きいですが、限界利益は200で限界利益率は10%、固定費は400となり、収益性が低い状況となっています。

このような場合には、たとえば営業2課については、①限界利益を増加させるために取引先や商品ごとに分析すること、②固定費の見直しを行い削減できるものはないか検討すること、を提案できるでしょう。

また、営業2課の経常利益を0（赤字から脱する）とするためには、限界利益をあと200増加させる必要があるとわかるので、その改善策の検討に移ることができます。

戦略的経理人財は、**自分なりに課題を抽出したうえで、経営を改善する糸口を探しやすいよう、資料を提示する**ことが求められます。

部門別損益計算書の例

	営業1課	営業2課	営業部計	総務部	全社計
売上高	1,000	2,000	3,000	0	3,000
変動費	500	1,800	2,300	0	2,300
限界利益	500	200	700	0	700
固定費	200	400	600	500	1,100
経常利益	300	△200	100	△500	△400

赤字!!
問題あり

➡ **得意先・商品別に
さらに分析が必要**

人財強化編

3 目標売上高などを経営層に 提供できるようにしよう

売上などの重要情報を経営のかじ取りに活かす

▶損益分岐点売上高などを知り、経営力を強化

　損益分岐点売上高は、現状の固定費構造を前提に会社の経常利益が0となる売上高のことであり、これより売上高が下がると、会社は赤字になってしまいます。戦略的経理人財には、**損益分岐点売上高を経営者に伝え、目標とする売上高の水準を示すことで戦略的経営力を強化する**役割があります。

▶損益分岐点売上高のカンタンな計算方法

　損益分岐点売上高の計算には変動損益計算書（156ページ参照）を使います。損益分岐点売上高は、変動損益計算書の限界利益と固定費の額が同額となる売上高の水準をいい、次の算式で計算できます。

> **計算式**
>
> **損益分岐点売上高**＝固定費÷限界利益率
>

　もし会社で使っている会計ソフトに、費用を変動費と固定費に区分して、変動損益計算書を作成できる機能が搭載されていれば、損益分岐点売上高を容易に計算することが可能です。

そのような機能がない場合も、金額的に重要性の高い変動費（商品仕入高、材料費、外注費）をピックアップし、それ以外の費用を固定費とすると、おおよその損益分岐点売上高を計算できます。

▶販売商品の構成が大きく異なる時は注意！

　複数の商品を扱っており、その商品ごとに限界利益率が異なる場合には注意したいことがあります。たとえば、自動車修理業では、新車の販売、中古車の販売、車検・修理、自動車保険などの販売（代理店）といった商品・サービスを扱っており、各々限界利益率が異なります。保険の代理店収入は原価がないため、限界利益率は100％ですが、新車販売などは、売上高は多く計上されても、限界利益率は低いということが考えられます。

　たとえば、下のケースのように、**商品の販売構成割合が大きく変わる場合は、商品**（ないし商品群）**ごとの予想限界利益率を使用**して、損益分岐点売上高や必要利益を計上するための売上高を算出したほうがよいでしょう。

販売構成が大きく異なる時はどうなる？

ケース　固定費が500、Ａ商品の限界利益率が10％、
　　　　　Ｂ商品の限界利益率が30％とします

［1］　売上シェアがＡ商品50％、Ｂ商品50％の時
固定費500÷限界利益率20％（＊1）＝損益分岐点売上高2,500
　　　　　　　　＊1　Ａ商品10％×50％＋Ｂ商品30％×50％＝20％

［2］　売上シェアがＡ商品25％、Ｂ商品75％の時
固定費500÷限界利益率25％（＊2）＝損益分岐点売上高2,000
　　　　　　　　＊2　Ａ商品10％×25％＋Ｂ商品30％×75％＝25％

---

4 設備投資の決定に役立つ資料を提供できるようにしよう

設備投資に失敗すれば倒産につながるリスクも

▶投資後に生まれるキャッシュと回収期間を見る

設備投資には多額の資金が必要になることが多く、会社にとっては重要な意思決定となります。成功すれば業容を拡大できる半面、予想したような成果が得られない場合には、借入金の返済が本業（から得られるキャッシュ）を圧迫し倒産に至る危険性もあります。

そのため、設備投資を検討する際は、投資によりどの程度のキャッシュが生まれ、投資額をどの程度の期間で回収できるか、という観点から見ていくべきです。

戦略的経理人財は、設備投資の採算計算に必要な情報を積極的に収集し、その結果を**経営者が意思決定をする際の判断材料として提供し、戦略的経営力を向上させます**。

▶採算計算でよく使われる「回収期間法」

設備投資の採算計算には、回収期間法、投下資本利益率法、正味現在価値法、内部利益法などいろいろな方法がありますが、中小企業でも比較的使いやすいのが、回収期間法です。

回収期間法は、**投資金額を将来のキャッシュ・フローで回収できるまでの期間を計算し、回収期間が短い投資案に上位の優先順位を**

つける方法です。

　たとえば、次の２つの投資案があったとしましょう。回収期間は、初期投資額を平均キャッシュ・フローで割って、計算します。

> | **投資案A** | 初期投資額 250 |
> | --- | --- |
> | | 将来５年間に見込まれる平均キャッシュ・フロー 40 |
> | **投資案B** | 初期投資額 400 |
> | | 将来５年間に見込まれる平均キャッシュ・フロー 80 |

> | **投資案Aの回収期間** | 250 ÷ 40 ＝ 6．25年 |
> | --- | --- |
> | **投資案Bの回収期間** | 400 ÷ 80 ＝ 5．00年 |

　これを見ると、Ｂ案のほうが初期投資を早く回収できるので、投資の優先順位はＢ案が上だということがわかります。

▶経理人財の「知見」を設備投資に活かそう

　将来のキャッシュ・フローの見積もりにあたって、経理人財の知見は有益です。経理担当者は常日頃から会計情報にふれているので、たとえば出店計画があれば、準備にかかる諸費用をはじめ、建築費や設備費、賃借料、店舗規模に応じた人件費などの**見積もりの妥当性も確保できる**でしょう。

　収益の見積もりは、会社によって営業部が行う場合や店舗開発部といった出店を行う部署などで行う場合がありますが、将来を確実に見通すことは誰もできません。可能な限りの情報を集めて、合理的に判断するしかないのです。

5 資金繰り表や簡易キャッシュ・フロー計算書を提供しよう

提供スピードの速さが金融機関の高評価につながる

▶資金の状況をつかめる資料をタイムリーに

　キャッシュ・フロー計算書は、会社法で要求されている計算書類ではないため、多くの中小企業では作成されていません。

　しかし、資金繰り表やキャッシュ・フロー計算書は、企業の資金の流れに対する有益な情報を提供できるので、タイムリーに作成したいところです。

　法律にもとづいた正式なキャッシュ・フロー計算書を毎月作成することは負担が大きくても、損益計算書をベースとした**簡易キャッシュ・フロー計算書（簡易なキャッシュ・フロー計算書）を作成して経営者に提供**できれば有益な情報提供となるでしょう。

▶簡易キャッシュ・フロー計算書をつくろう

　利益と資金は計上タイミングがズレるため、一致するとは限りません。簡易キャッシュ・フロー計算書は、ズレが生じるものの中でも、とくに大きくズレるものをピックアップし、簡易キャッシュ・フローを計算するものです。

　簡易キャッシュ・フロー計算書の一番上には、次ページのように、「経常利益」があります。

経常利益	100	◀ ここから スタート
①キャッシュ・アウトしない費用 　（減価償却費・引当金繰入など）	150	←── プラスする
②費用とならないキャッシュ・アウト 　（借入金の返済、設備投資）	△200	←── マイナスする
③収益とならないキャッシュ・イン 　（借入金の増加）	100	←── プラスする
簡易キャッシュ・フロー	150	◀計算結果

企業の資金の流れに関する
有益な情報をタイムリーに提供しよう

　経常利益は収益から費用を差し引いて計算するため、利益とキャッシュを一致させるために、①キャッシュ・アウトしない費用、②費用とならないキャッシュ・アウト、③収益とならないキャッシュ・インを加減算して、簡易キャッシュ・フローを計算します。上の例では、経常利益は 100 でしたが、不一致が 50 あるため、資金は 150 となりました。

　では、これらの①～④の内容を見ていきましょう。

①キャッシュ・アウトしない費用

　減価償却費は、資金と利益にズレを生じさせる費用の代表例です。設備などの資産購入後、使用期間を通じて費用として計上されていくものですが、キャッシュ・アウトがありません。

　キャッシュ・アウトするのは、設備の購入時だけであり、この時は資産として計上されるため、費用とはなりません。

②費用とならないキャッシュ・アウト

　設備投資や借入金の返済額などは、キャッシュ・アウトしていても費用に計上されていないため、減算します。

③収益とならないキャッシュ・イン

　収益にならなくても、キャッシュ・インとなる借入金の増加などについては加算します。

　こうした調整項目について、会計の専門家（税理士など）から助言をもらうことができれば、より精度の高いキャッシュ・フローを算出できると思います。

▶資金繰り実績表、予定表もつくろう

　資金繰り実績表や予定表も作成しましょう。

　会計ソフトによっては、仕訳と同時に資金収支区分を入力する方式をとっているものもあり、その場合、資金収支区分の入力を誤らない限り、月次の損益計算と同時に資金繰り表が作成できます。

　さらに、将来の借入金返済予定やリース債務の支払予定を事前登録できる会計ソフトもあります。この機能を活用すれば、一部の追加見込み収支を入力し、将来の資金繰り予定表を作成できます。

　資金繰り予定表では、将来どの程度の資金不足がいつごろ生じるかを判断できますので、先を見越した資金調達が可能になります。

　この先を見越した資金の状況を把握することが財務経営力・資金調達力を強化することにつながります。

　金融機関からの融資でも、**資金繰り表や資金繰り予定表の提出が要求されます**。その要求に対し、**速やかに提出できるかで、金融機関は企業の財務経営力・資金調達力を判断している**といえます。

お金に色はないが……

　コロナ禍の現在、将来への不安からとりあえず手元に資金をおいておきたいと考える社長は多く、可能な限りの融資を受けて多額の手持ち資金を保有している会社が結構あります。

　そのほとんどが保証協会付き融資であるため、金融機関はノンリスクで貸付けを行い、利息までもらえることもあって、積極的に貸付けを行っています。

　しかし、手元に多額の資金があると、使いたくなってしまうものです。ある会社は、その資金を使って事務所建物を買いました。コロナ融資による資金で借入期間は5年です。それに対して、木造の事務所建物の耐用年数は24年あります。

「現金化するまでに長期間かかる固定資産の資金は、できるだけ長期間の借入れで調達しないと、将来、必ず返済が大変になるからやめたほうがいいですよ」

「銀行からは運転資金に使う約束で借りたので、設備投資資金に使うと約束を破ったことになり、銀行からの信頼をなくしてしまいますよ」

と説得しましたが、社長は、

「お金に色はないから、どのお金を使ったかはわからないよ」

と説得虚しく。

　確かにお金に色はありませんが……。

　この会社の将来が心配です。

6 会社内部と外部へモニタリングができるようにしよう

経営者などに会計情報を報告する機会をつくる

▶定期的に会計報告を行って経営に活かす

　モニタリングという言葉は、経営改善計画策定事業などでも使われていますが、定期的に経理管理者・担当者が会計情報を経営者に報告し、これにもとづいて経営者が意思決定を行い、会計情報を経営に活かすことをいいます。

　月次のものを含めて決算数字を読み解くことは、経営者の財務経営力の強化にも必須です。経理管理者・担当者から、経営者へ会計情報を報告し検討するモニタリングの機会を設定しましょう。

▶経営層への社内モニタリングの進め方

　まず、モニタリングの際に提供する資料の形式を決めます。
　経営者は経理管理者や担当者ほど会計情報にふれる機会は少ないため、重要な情報を正しく伝えるには、提供資料の形式を極力同じものにする必要があります。改善点が見つかり随時資料を修正しても、提供資料をガラリと変えることは避けましょう。

　次に、モニタリングの実施頻度を決めます。会社は通常、1カ月ごとに会計情報を集約しているため、毎月行うのが適切でしょう。

　経営者や管理者が意思決定を行うにも、情報が古いと、正しい判

断ができません。**遅くても翌月15日までには前月の会計情報が提供されるようにしておきます。**そのために、第6章で紹介した会計情報の作成の自動化など、経理の業務改善を試みることも大切です。

　試算表などから独自のエクセル帳票に打ち直している会社もありますが、会計データから会社独自のエクセル管理帳票を自動作成できる機能のついたソフトを使えば、そのような作業は必要なくなります。

　独自帳票の作成は、作成のための人件費がかかるだけで、収益を生み出しません。**アウトプット管理帳票の作成の自動化を実現したい**ところです。

▶金融機関などへの外部モニタリングを行おう

　戦略的経理人財には、外部からのモニタリングに対応するスキルも必要です。

　経営改善計画などを進めている場合には、金融機関からモニタリングを求められます。会社と金融機関・税理士などが一緒にモニタリングを実施する機会を融資の条件としている場合もあります。

　金融機関から会社の現状や未来の計画を尋ねられた時に、経営者がしっかりと答えられなかったらどうでしょうか。金融機関からは、「頼りない」という烙印を押されることでしょう。

　経営者が「自社の現状と未来とを自分の言葉で数字をもとに語れる」ように、戦略的経理人財は、**事前に経営者に会計情報を提供して、経営者の理解を助けなければなりません。**

　ある会社の話ですが、数年後に工場移転を考えていたことから、金融機関と税理士の三者でモニタリングを行ったことがあります。

　その結果、資金調達の額とその方法だけでなく、取引先の拡大や見直しが必要になる、という課題が浮き彫りとなりました。この点

は、会社としては具体的には意識できていなかったことでした。

　モニタリングとは、会社の問題点を見つけたり、指摘したりすることではなく、**課題を明確化し、利害関係者間で共有し合い、協力関係を強化することに、その目的があります**。モニタリングという場を、資金調達力の強化につなげることもできるのです。

▶環境の「変化」に対応するスキルを身につける

　社会環境は絶えず変化しており、それは会計や税務の分野においても同様です。とりわけ2023年10月に導入が予定されている消費税インボイス制度については、しっかりとした対応が求められることになるでしょう。

　2020年7月には電子インボイス推進協議会が発足し、2022年以降には、電子インボイスに対応したソフトウェアが登場する見込みのようです。本書で紹介した「自動化」の重要性はより一層高まるものと考えられます。

　このような外部環境の変化についても、情報をタイムリーに入手し、**変化によって生じる課題を発見し、関係者と一緒に解決に向けた道筋を立てて実行していくことが大切です**。

　自動化により仕組みが構築されている場合は、変化の本質を見定めたうえで見直すべきポイントを抽出することで解決すべき課題が明確になります。

　日ごろから物事を構造的にとらえて、仕組みを構築する力を意識的に養いましょう。そうすることで、変化に対応するために仕組みを再構築・再編成する力も自ずと養成され、外部環境の変化に対応することができるでしょう。

お付き合いと融資は別の話

　金融機関の現場の営業店や担当者には、融資残高や預金残高のノルマが課されており、そのノルマを達成するために担当者は必死です。毎年、金融機関の決算月間近になると、担当者が、明らかに業績がよく、融資の必要のない会社を訪れ、

「社長お願いします。今月〇〇〇万円借りてください。来月になったら全額返済していいので」

とお願いしている場面を目にします。

　多くの経営者は、金融機関との関係は良好に保っておきたいと考えますし、貸しをつくっておけば、自分の会社が融資を受けたい時にはその貸しを返してもらうことができるだろうと思い、担当者からのお願いに応じています。

　しかし、お付き合いで借入れをしたとしても、その後、会社の業績が悪くなり実際に融資が必要となった時には、担当者の態度は変わります（金融機関は頻繁に担当者が変わるので、貸しをつくった担当者はすでにおらず、別の担当者になっている場合も多いです）。

　親切でお付き合いをしていても、業績が悪く返済が滞るおそれのある会社へは、行内での稟議がとおらず、融資はできません。担当者にとっては、「お付き合いと融資は別の話」なのです。

人財強化編

非常時はまたやってくる！
これからの 10 年に備える

人口動態、地球環境の変化、ＡＩ、ＥＳＧなど
これから先の変化に対応できる企業をつくろう

●大激動の 10 年が来る

コロナ禍でよく聞かれたのが、「コロナ後はどうなるか」ということでした。質問者は「いつかは過去に戻りたい」との期待を込めて聞いているのでしょうが、「戻らない」と答えるようにしています。「新たな社会の枠組みが始まっている」と思うからです。

これからの 10 年は、過去 50 年の変化を超えた大きな変化が訪れるでしょう。これは、多くの識者が指摘しているところですが、本書では次の 2 点に絞って説明します。

・人口動態の変化

・地球環境変動

●人口動態をどう読み解くか？

国立社会保障・人口問題研究所では、日本の将来推計人口（平成 29 年推計）を公表しています（次ページ図表参照）。

これによると、2030 年の総人口は、1 億 1,913 万人、年少人口 1,321 万人 (11.1%)、生産年齢人口 6,875 万人 (57.7%)、老年人口 3,716 万人 (31.2%) となっており、2025 年に 30%を超える老年人口割合は、2065 年も 38.4%であり、今の社会保障制度を前提とする限り、現役世代は多額の負担をせざるを得ないでしょう。

また、経済活動の中心となる、生産年齢人口はすでに 1995 年の 8,726 万人をピークに減少に転じ、2015 年の 7,728 万人と比較しても、11%強減少しています。2030 年には、それがさらに 10%強減少していくのです。これに対処するため、

・女性、高齢者の活躍の拡大

・外国人労働者の活用

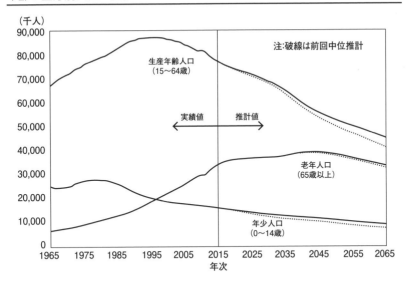

（千人）

注:破線は前回中位推計

生産年齢人口
（15～64歳）

実績値　←→　推計値

老年人口
（65歳以上）

年少人口
（0～14歳）

年次

が進められていますが、それ以上に**生産性の向上はいかなる業種でも必須**の方策になっていくでしょう。

　人の減少を人だけで賄うことは困難です。ＩＴやＡＩの活用によって生産性を上げていくことが、これからの10年では、必須の条件になっていくでしょう。

●必要とされる「人」の資質が変わる

　ＡＩの進展に伴って、人間の仕事が奪われるのではないかとの危惧があります。確かにその側面は否定できないでしょう。とくに小売業の自動レジの導入では、ＩＣチップ単価の下落度合いのいかんにもよりますが、レジ打ちの仕事はなくなっていくでしょう。

　これからは命じられた仕事を、ただそつなくこなすようなスキルから、**「何が問題、課題なのか」を発見し、それを解決する**ための道筋を見つけ、実行できるスキルが求められてきます。今までは、

与えられた解答のある問題を素早く、正確にこなせるスキルが求められていましたが、真逆のスキルが必要になるのです。

今、「働き方改革」がいわれ、時短や休日の多さに目がいっていますが、この本質は「働き手改革」であり、仕事の意味・職業の意味を一人ひとりが探究することが前提になっていくと思われます。

●地球環境変動をどう読み解くか？

もうひとつの大きな変動は、地球環境変動です。

昨今、日本を大型台風が襲っていますが、それは地球温暖化が一因といわれています。ガソリンなどの化石燃料の使用により、大気中に放出された二酸化炭素・窒素酸化物・硫黄酸化物などが、酸性雨や地球温暖化の原因だとされています。

1994年に発効した「国連気候変動枠組条約（ＵＮＦＣＣＣ）」では、ＣＯ$_2$排出量を大幅に削減しないと、今世紀末には平均気温が４度上昇するともいわれています。４度程度ではたいしたことがないように思えますが、北極などの氷が溶け、海面が上昇することによって、人が住めない地域が拡大することを意味しているのです。

また、気候変動（大型台風など）が、大規模な自然災害をもたらすといわれており、その復旧費用にも多額の予算がかかってくることでしょう。

このような地球環境問題に対処するには、まずは、企業規模の大小を問わず、大きな視野・視点をもつことが重要です。

今以上に企業には「社会性」を要求されるでしょうし、**持続可能な社会を創るために自社で貢献できることを念頭において、考え・行動する**ことが大切です。

「自社が生き残る」ためなどと狭い視野で考える企業行動は、社会からノーを突きつけられるようになっていくでしょう。

●金融もＥＳＧの観点を重視し始めた

　ＥＳＧというのは、環境（Environment）・社会（Social）・ガバナンス（Governance）の頭文字をとったもので、企業が持続的に発展できるか否かを判断する指標として用いられています。

　具体的には、環境への配慮・地球環境の問題に対する取組み、社会的な課題の解決に向けた取組みをいい、ガバナンスは各種ステイクホルダーに対する企業の社会的責任のあり方を示すものです。

　最近は、このＥＳＧを重視する企業への投資や融資も増えてきています。

　このＥＳＧの視点をもとに投資先を決定する方針を、2008 年の設立以来貫いている投信会社もあります。「投資はまごころであり、金融はまごころの循環である」との投資哲学をもとに、鎌田恭幸社長が設立した鎌倉投信株式会社です。

　同社では一貫して、社会にとっての「よい会社」をリサーチし、投資信託資金を投資しています。同社の眼にかなって投資している「よい会社」は同社のホームページで公表されています。

　単にその投資が儲かりそうだという視点ではなく、社会にとって「よい会社」かどうかが判断の基準になっているのです。

●自分の役割が「終わった」と感じたら

　本来、会社法に準拠して設立された会社は、その設立者の命を超えて永続することを宿命づけられた存在（ゴーイングコンサーン）なのですが、中小企業では、経営者の命＝企業の命となることが多いようです。

　現在の中小企業経営者の平均年齢は 60 歳台後半であり、明確な

後継者がいない場合は、「自分の代で終わりにしよう」という選択肢もあり得ます。

　会社が倒産するとどうなるかを知っておくことも重要です。昭和の時代では、会社の倒産は人生の倒産であり、夜逃げや自殺もあったのですが、現在では各種法制度も整備され、会社が倒産したからといって身ぐるみはがされることはなくなりました。

　会社を閉じる決断をした場合、問題は、集まった社員・仕入先や得意先をどうするのかということです。

　彼らを護るのも経営者の責務のひとつです。

　単純な廃業だけでなく、親族外承継やM＆Aも選択肢のひとつになるでしょう。

●令和３年度税制改正によりM＆Aが活発化する

　令和３年度の税制改正では、M＆Aにより株式を取得した中小企業が、その対価を準備金として損金算入が認められる制度（中小企業事業再編投資損失準備金制度）も導入されました。

　今までは、株式の取得をし、赤字続きで当該株式の価値が下がっても、保有しているだけでは損失を計上することは原則としてできませんでした。

　すなわち、売却しなければ損を確定できませんでした。

　このため、M＆Aで他社の株式を取得しても、うまくいくのかどうかという不安もあり、取得することにためらいもありました。

　この準備金は取得時に総投資額の70％を準備金として積み立てるものです。

　たとえば、１億円の総投資額なら、7,000万円を準備金積立（法人税法上は損金算入、すなわち、この額に対して法人税率分の法人税が減額されます）します。

いわば、投資損失を先に計上することで、将来の株式価値の下落に備えられるのです。

　なお、この準備金は5年間据置きして、その後の5年間で20%ずつ取り崩して益金に算入し、その時点で法人税の課税対象とされます。

　将来の株式価値の下落を不安視している企業にとって、本制度は背中を後押しするものであり、**今まで以上に中小企業のM＆Aが活発化する**と予想されます。

この程度は知っておこう！

財務分析のエッセンス

この資料は、前著『財務経営力の強化書』の第1部「財務経営力をとことん強化する！」の一部抜粋・加筆となります。くわしく知りたい方は前著をお読みいただくと、より理解が深まることでしょう。

1 財務三表の特徴を知れば 数字は怖くない

企業活動の結果をより深く理解しよう

▶財務三表間のつながりを知ろう

　企業の決算書には、①貸借対照表、②損益計算書、③キャッシュ・フロー計算書のいわゆる財務三表があります。

　たとえば、損益計算書は、売上高から当期純利益に至るまで、段階的に利益の算出過程をあらわしています。しかし、損益計算書だけでは、資金がうまく回っているのかを把握することは困難です。それは、貸借対照表やキャッシュ・フロー計算書が担うところだからです。**財務三表は相互に関連し合っており、その関係性や特徴がわかると、企業活動の結果をより深く理解できるようになります。**

▶貸借対照表でも「利益」に注目しよう

　企業は事業活動によって資本を膨ませていきます。この膨ませた部分が利益であり、この**利益の水準と投下資本が見合っているかが、重要**です。

　次ページ図（上）は、株主から1,000万円を出資してもらい、会社を設立した時の貸借対照表です。1年間の事業活動を行った結果が、図（下）の貸借対照表です。これを見ると、利益が500万円計上され、繰越利益剰余金として蓄積されていることがわかります。

設立時の貸借対照表

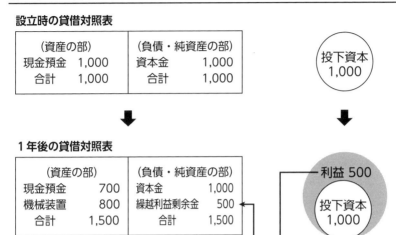

1年後の貸借対照表

1年間で稼いだ利益はここに蓄積される
投下資本と見合っているかがポイント

　注目したいのは、貸借対照表の一番下の「合計」額です。企業が一定時点（通常は決算期末）でその事業に投下している総額を意味しており、企業は、この金額に対してどの程度の利益を上げるべきか、という総資本利益率目標を設定すべきなのです。

▶総資本を見ないと"儲ける力"は判断できない

　たとえば、A社の利益が100万円、B社の利益が200万円という時、本当に儲かっているのはどちらの会社でしょうか。普通に考えれば利益200万円のB社が儲かっているように思えます。

　しかし、ここに総資本という条件を加えてみるとどうなるでしょう。A社の総資本が100万円、B社が1,000万円だったとすると、A社は100万円の元手（総資本）で1年間に100万円儲けている（総資本利益率100%）のに対し、B社は1,000万円の元手で200万円し

か儲けていません（総資本利益率 20%）。

　A社は1年後に元手を倍にするのに対して、B社の元手が倍になるのは5年後（実際は複利計算なのでもっと短い）です。投資家が株式を買うなら、通常はA社になることでしょう。

▶設備投資で得られるキャッシュに注目

　株などの投資を行う人は「投資元本が○円あるから、△％程度の運用益がほしい」といったことを考えて投資をしているはずです。
　ところが、いざ自分の企業になると、採算判断をせずに利益が出ていれば大丈夫と考えてしまう人が多いのです。それどころか、機械を入れて設備投資しさえすれば経営上の問題がすべて解決すると錯覚している人や、設備投資に補助金がつくかという枝葉末節だけに興味がある人もいます。
　設備投資でどの程度キャッシュが得られるのか、何年程度で回収できるのかなどの採算判断を行う経営者はごく少数派です。両者の財務経営力は、すでにここで差がついてしまっているのです。

▶設備投資に利益が追いつかないのは危険

　一般的に、規模の大きい会社、つまり総資本が大きい会社ほど、会社を維持していくために、大きな利益を出さなくてはなりません。
　立派な社屋があり、大勢の従業員がいる分、売上高や利益も必要になり、その維持には大変な苦労も伴います。
　企業規模の拡大を目的にするのではなく、無駄な膨張はせず、引き締まった体型で着実に利益を出していこうと考えるのが賢明です。大きいことがよいわけでありません。利益が追いついていない状態になると、いずれ由々しき事態を招きます。それは資本を効率的に

使用していないことを意味しているからです。

　今回のコロナ禍でも過去に多額の設備投資をしたり、固定費の大きな会社ほど、売上減少による影響がモロに響いた結果となっています。バランスが大事なのです。

·COLUMN·

借入金と生ビールは違う

　借入時によく
「いくらくらい借りたらいいかなぁ」
と相談を受けます。

　そうした場合、当たり前ですが即答はできませんので、経営者と一緒に将来の損益予測と資金繰り予測を行い、いくらくらいだったら毎月しっかり返済していけるかをシミュレーションしたうえで借入金額を決めていきます。

　可能なら、"もしも"に備えて若干多めに借りたりもします。借入時には将来の返済を考えて借入金額と返済期間を決めることが何よりも重要です。

　先日ある企業に行くと、1,000万円の借入れをしていました。

　社長に、何で借りたのかを尋ねると、
「経理担当者が資金繰りがちょっと厳しいって言うからとりあえず1,000万円借りといた」
との返答。飲み屋に行った時の「とりあえず生で！」みたいな感覚で借入れをするのは危険です。

2 「損益計算書」を見る時は ココに気をつけよう!

各段階の利益が意味するところを知ろう

▶企業の経営成績 （利益など） がわかる一覧表

　損益計算書とは、企業の一定期間（通常は1年間）の売上高や売上原価、費用を一覧にし、企業の経営成績を明らかにするものです。

　一般的な様式は次ページのとおりですが、各段階の利益が意味するところは以下のようになります。

損益計算書のそれぞれの利益の意味は？

1 売上総利益	売上高から売上原価を差し引いたいわゆる粗利のこと。小売業・卸売業では、企業が生んだ付加価値になる
2 営業利益	売上総利益から販売費及び一般管理費を差し引いた本業での利益のこと。経営的にはこれが赤字の場合、本業で儲けられていないことを意味する
3 経常利益	営業利益から支払利息、受取利息などの金融上の損益を加減した利益のこと。経常的な収益力をあらわす。中小企業の場合、借入金に依存した経営を行っている場合があるため、支払利息が引かれた経常利益の段階で、経常的な収益力をつかむべき
4 税引前当期純利益	経常利益から特別損益を加減した利益のこと。固定資産や投資有価証券の売却による利益が生じている場合、本業で儲かっているか（営業利益・経常利益）をしっかり検討しておきたい
5 当期純利益	税引前当期純利益から自社が負担する法人税等の負担額を差し引いた利益のこと

損益計算書

売上高		10,000
売上原価		6,000
売上総利益		4,000
販売費及び一般管理費		3,000
営業利益		1,000
営業外収益	500	
営業外費用	800	
経常利益		700
特別利益	0	
特別損失	50	
税引前当期純利益		650
法人税等		200
当期純利益		450

損益計算書の項目の内容

項目	内容
売上高	企業の本業である商製品の販売高、サービスの提供高を示す
売上原価	売上高を計上するためにかかった仕入や製造の原価であり、売上高に対応する部分のみが計上される。売れ残った分（次期以降に販売されるもの）は、貸借対照表の棚卸資産に計上
販売費及び一般管理費	販売のためや経営管理活動を行うためにかかった費用。人件費や地代家賃、広告宣伝費など
営業外収益	預金などの利息や配当金などの金融上の収益
営業外費用	借入金の支払利息や手形の割引料（手形売却損）などの金融上の費用
特別利益	売上高や営業外収益に属さない、臨時的な利益
特別損失	売上原価や販売費及び一般管理費、営業外費用に属さない固定資産売却損などの臨時的な損失

▶利益と資金は、同じ動きをしない

損益計算書を見る時に注意したいのは、売上高は現金収入がなくても計上され、費用は現金支出がなくても計上されることです。

損益計算書を作成する際は、費用については「発生主義」というルールがとられ、その原因や事実が"発生"し、かつ、それが金額的に測定可能な場合には、現金預金の収支にかかわらず、費用として計上されます。

一方、売上高には、「実現主義」という考え方がとられています。これは発生主義をより厳格にしたもので、売上高の対価が、現金あるいは現金同等物（受取手形・電子記録債権・売掛金など）として"実現"された時に、売上高を計上するというルールです。

このルールがあるために、**利益と資金の計上タイミングの「ズレ」**が起き、利益が出ているのに資金ショートを起こして黒字倒産、というような事態に陥ってしまうことがあるのです。

▶売上高の「計上ルール」を知っておこう

では、次の①〜⑤のうち、会計上の売上高（実現主義によるもの）を計上するのはどのタイミングでしょうか。

①商品の注文を受ける
②受注した商品を出荷する
③相手方が検収する
④代金を請求する
⑤代金が入金される

どのタイミングで計上する？

答え：② （例外③）

一般的には②の**出荷段階**（出荷基準といいます）**で売上高を計上**しますが、例外的に③の商品の検収段階で売上を計上することもあります（検収基準）。

　一方、現金が入金されるのは⑤の段階になるため、②の売上高計上のタイミングとズレてしまい、収益と資金の動きが不一致となります。なお、①の商品の注文時点では、まだキャンセルされる危険性もあり、計上時期としては早すぎるため、採用されていません。

·COLUMN·

新たな収益認識基準に注意しよう

　2021年4月から、収益認識に関する会計処理が変わっています。「収益認識に関する会計基準」が適用とされたためです。

　収益認識基準の適用対象は、公認会計士の会計監査を受ける会社、つまり会社法上の大会社（資本金5億円以上または負債200億円以上の会社）や上場会社です。また、これらに該当しなくとも公認会計士の会計監査を任意で受ける会社や、上場を検討している会社にも関係してきます。該当する場合は、注意が必要です。

　多くの中小企業は強制適用の対象から除かれるため、詳細は割愛しますが、収益認識基準の適用に伴い、売上計上の際は「履行義務」という新しい概念のもとで処理を行う必要が出てきました。

　収益認識基準では、履行義務単位で収益を認識すること、取引価格を履行義務に配分すること、履行義務の充足パターンによって収益認識時点が異なることなどから、従来とは収益計上額が変わる場合があります。

▶費用の「計上ルール」を知っておこう

　会計上の商品の仕入（発生主義によるもの）については、どの段階で計上されるのでしょうか。

①商品を注文する
②注文した商品が入荷する
③検品する
④代金の請求を受ける
⑤代金を支払う

どのタイミングで計上する？

答え：③

　仕入の計上は、**③商品を検品した時点 (検収基準) となります**。しかし、⑤の代金支払いのタイミングとズレますので、損益と資金の動きが不一致となります。ですから、利益が出ていても、資金繰り表、資金繰り計画表も見たうえで、このままで支払いは大丈夫なのか、早めに借入れをしておくかなどを検討すべきなのです。

　損益計算書の数字は企業と社会のかかわり合いの中からつくられています。売上高はお客様が満足して買い求めないと、生まれてきません。同様に、売上原価は、主として仕入先・外注先がかかわっています。どの程度の信頼関係の中で取引を育んでいるか、無理な値引き要請をしていないかなども数字から見えてくると思います。
　損益計算書は無味乾燥な数字の羅列のように思われがちですが、実は、様々な人々（社会）との関係性の中で成り立っている、と理解することが重要です。**財務諸表を「読む」ということは、数字の裏側にある血の通った経営活動に想いを馳せるという観点もまた、大切なのです。**

247 ページと同じ損益計算書です
が、関係を考えると、血の通った
数字に見えてきますね

損益計算書

		お客様が関係	
売上高			10,000
売上原価		仕入先・外注先が関係	6,000
売上総利益			4,000
販売費及び一般管理費		社員・その他が関係	3,000
営業利益		主として金融機関が関係	1,000
営業外収益		500	
営業外費用		800	
経常利益			700
特別利益		0	
特別損失		50	
税引前当期純利益			650
法人税等		国・県・市が関係	200
当期純利益		株主が関係	450

3 「貸借対照表」を見る時は ココに気をつけよう!

資産、負債、純資産(資本)の意味するところは

▶決算日における財政状態をあらわしている表

貸借対照表は、企業の一定時点（通常は期末）の財政状態を示すものです。

次の３つの区分で構成されており、**貸借対照表が理解できれば財務経営力は大きく向上します**。

①資産の区分に入るもの

資産とは、企業に帰属する"将来の経済的便益"であり、貨幣額で合理的に測定できるものです。

現金預金、売掛金、棚卸資産などの比較的短期間で現金化される流動資産と、建物など、売却を目的とせず、使用することで収益をもたらす固定資産に区分されます。

②負債の区分に入るもの

負債とは、企業の"経済的便益の犠牲"であり、貨幣額で測定できるものをいいます。

買掛金や短期借入金などの比較的短期間で弁済される流動負債と長期借入金のように長期間で弁済される固定負債とに大きく区分されます。

貸借対照表
令和〇年 × 月 × 日現在

(資産の部)		(負債の部)	
流動資産	2,000	流動負債	1,000
現金預金	800	支払手形	200
売掛金	1,070	買掛金	400
商品	180	短期借入金	200
貸倒引当金	△ 50	未払金	100
		未払法人税等	40
固定資産	3,000	賞与引当金	60
有形固定資産	2,500		
建物	1,000	固定負債	1,500
工具・器具・備品	100	長期借入金	1,000
土地	1,400	繰延税金負債	50
		退職給付引当金	450
無形固定資産	100	負債合計	2,500
その他	100		
		(純資産の部)	
投資その他の資産	400	株主資本	2,500
投資有価証券	350	資本金	1,000
繰延税金資産	50	資本剰余金	200
		資本準備金	200
		利益剰余金	1,300
		利益準備金	100
		その他利益剰余金	1,200
		任意積立金	500
		繰越利益剰余金	700
		純資産合計	2,500
資産合計	5,000	負債及び純資産合計	5,000

ここに損益計算書の当期純利益が積み上がっている

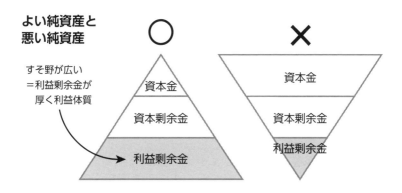

よい純資産と悪い純資産

〇

すそ野が広い
＝利益剰余金が
厚く利益体質

資本金
資本剰余金
利益剰余金

×

資本金
資本剰余金
利益剰余金

巻末資料

③純資産の区分に入るもの

純資産は、資産から負債を引いた額のことで、この区分には、**企業が稼いできた利益の積み重ねである利益剰余金が示されます**。

▶資産と負債・資本のバランスはとれているか

貸借対照表を資金の面から見ると、**資産の部**(貸借対照表の左側)が「**資金の運用形態**」を、**負債・資本の部**(右側)が「**資金の調達源泉**」を**示している**といえます。

資産（左側）を取得するためには、資金を調達（右側）しなければなりません。

負債は金融機関などから調達したものであり、必ず返済しなければならないものです。

一方、純資産は、株主から払い込まれた資本金や過去の留保利益などが代表であり、基本的に返済が不要です。

したがって、**資金は、純資産のような安定的**（返済不要）**な源泉から調達したほうが財務的な安定性に寄与します**。

純資産（自己資本）比率が高ければ財務的安全性が高いというのは、このことを意味しています。

▶平均的な収益力は損益計算書ではわからない

損益計算書は1期間（通常1年間）の経営成績をあらわすものであるため、複数期間にわたるような平均的な収益力をつかむことは難しいといえます。

しかし、貸借対照表を見れば、平均的な収益力をつかむことができます。

貸借対照表の純資産の部には、創業時から現在までの累積した当期純利益（税引後）が、利益剰余金として計上されているからです（配当などの社外に流出する利益処分がない限り）。

　そこで、**利益剰余金の額を期数で割ると、創業から現在までの平均的な税引後当期純利益の額を知ることができます**。さらに、法人税率を約30％として利益剰余金をその逆数（1 − 0.3）で割ると、平均的な経常利益を算出することができます。

　つまり、**貸借対照表の利益剰余金を見れば、収益性の高さ、安定性、低迷しているかなどが、一目瞭然**になるのです。

貸借対照表の資金面からの見方

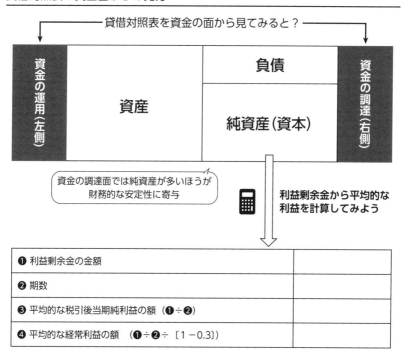

❶ 利益剰余金の金額	
❷ 期数	
❸ 平均的な税引後当期純利益の額　（❶÷❷）	
❹ 平均的な経常利益の額　（❶÷❷÷〔1 − 0.3〕）	

4 「キャッシュ・フロー計算書」ではココに注意！

営業、投資、財務という3つの区分で見る

▶営業、投資、財務の3面からキャッシュを見る

　キャッシュ・フロー計算書は、企業の一定期間のキャッシュ・フローの増減を、企業活動の3つの観点（営業、投資、財務）から分類し、その活動ごとにキャッシュの増減理由を明らかにするように表示したものです。

　キャッシュ・フロー計算書は、上場会社等（金融商品取引法が適用）には作成・公開が強制されますが、中小企業の多い非上場会社（会社法が適用）では、任意となっています。

　しかし、**企業経営では、資金（キャッシュ）がどれだけあるかが、損益計算書で示される利益より重要**です。資金が0になったら、最悪の場合、企業は倒産です。

　したがって、法律で強制されていなくても、キャッシュ・フロー計算書を作成し内容を検討することは、企業経営の観点からは重要です。

▶「キャッシュ」の範囲を知っておこう

　キャッシュ・フロー計算書の「キャッシュ」とは、現金と現金同等物のことで、現金・流動性預金（当座預金・普通預金）だけでなく、

キャッシュ・フロー計算書の例

I 営業活動によるキャッシュ・フロー	
税引前当期純利益	260
減価償却費	320
引当金増加額	10
支払利息	20
固定資産売却益	-40
売上債権増加額	-80
棚卸資産減少額	-40
買入債務減少額	-28
未払消費税等増加額	11
その他資産増加額	0
その他負債減少額	-10
役員賞与支払額	-10
小計	413
利息支払額	-20
法人税等支払額	-30
営業活動によるキャッシュ・フロー	363
II 投資活動によるキャッシュ・フロー	
有形固定資産の取得による支出	-420
投資有価証券の取得による支出	-100
有形固定資産の売却による収入	50
投資有価証券の売却による収入	0
投資活動によるキャッシュ・フロー	-470
III 財務活動によるキャッシュ・フロー	
短期借入金の減少額	-68
長期借入金借入による収入	150
株式の発行による収入	100
長期借入金返済による支出	-60
配当金の支払額	0
財務活動によるキャッシュ・フロー	122
IV 現金及び現金同等物の増加額	15
V 現金及び現金同等物の期首残高	75
VI 現金及び現金同等物の期末残高	90

企業の一定期間のキャッシュ・フローの状況がわかります

現金同等物も含まれます。

　現金同等物とは、償還日が３カ月以内に到来する短期所有の有価証券や定期預金などのことで、現金と同じように短期間内で支払手段として活用できるものをいいます。

　逆に、３カ月を超えて現金化される定期預金や有価証券はキャッシュの範囲から除外します。

▶企業活動とキャッシュの関係を見ておこう

　企業活動を、キャッシュ・フローの観点から見てみると、次ページの図のようになります。

　企業活動の中心に位置しているのが「**営業活動**」です。

　日々の仕入や製造、販売活動によって、本業での儲け（キャッシュ）を生み出しています。

　その「営業活動」を支えているのが、「**投資活動**」です。

　長期的な観点から、適切かつタイムリーに設備投資などを行い、本業における持続的な儲けを支援します。

「**事業活動**」は、企業が短期的にも長期的にも儲けを産み出すための活動であり、「投資活動」と「営業活動」をあわせたものです。

「**財務活動**」は「事業活動」の円滑化を下支えしている活動です。

　自己資金だけで設備投資を行えない場合には、借入金などの資金調達も必要です。また、事業活動によって余裕資金が生まれれば、その運用も必要になります。

経営活動

事業活動

短期的にも長期的にも儲け（キャッシュ）
を生み出すための活動

中心に
なる活動

営業活動

本業での儲け（キャッシュ）を生み出すた
めの活動

↑ 支える

投資活動

設備投資など、本業における持続的な儲け
を下支えするための活動

↑ 支える

財務活動

資金調達や余裕資金の運用など、事業活動
の円滑化を下支えするための活動

巻末資料

5 財務三表がどうつながっているか、理解しておこう

決算書の相互関係を理解し、財務経営力を上げよう

▶4つの設例で関係性を見てみよう

「財務経営力」をつけるには、貸借対照表、損益計算書、キャッシュ・フロー計算書という、いわゆる財務三表の関連性を理解することが近道です。これらの相互関係を知り、会社の数字を読み解く力をつけましょう。これから会社設立時、商品仕入時、商品販売時、代金回収時という4つの設例で、財務三表の関係性を見ていきます。

▶ 設例1 「会社設立時」のつながりは？

まずは資本金1,000円でA社を設立した時の、財務三表の関連性からです。

会社設立にあたって株主から1,000円の払い込みを受けたので、貸借対照表の現金が1,000円増え、資本金が1,000円増えます。

資金（キャッシュ）が増えたので、キャッシュ・フロー計算書には、資金の増加（流入）として財務キャッシュ・フローの増資欄に1,000円が記載され、期末現預金欄にも同額の1,000円が記載されます。そして、この金額は貸借対照表の現金預金の金額と一致します。

営業活動はまだしていませんから、損益計算書には何も示されません。

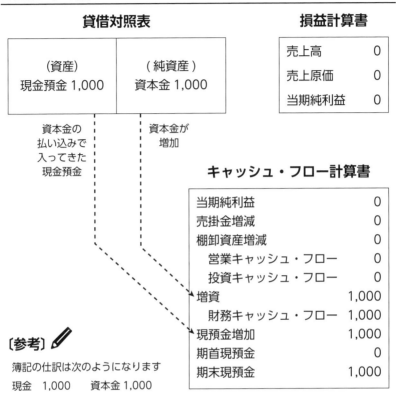

貸借対照表

（資産） 現金預金 1,000	（純資産） 資本金 1,000

資本金の
払い込みで
入ってきた
現金預金

資本金が
増加

損益計算書

売上高	0
売上原価	0
当期純利益	0

キャッシュ・フロー計算書

当期純利益	0
売掛金増減	0
棚卸資産増減	0
営業キャッシュ・フロー	0
投資キャッシュ・フロー	0
増資	1,000
財務キャッシュ・フロー	1,000
現預金増加	1,000
期首現預金	0
期末現預金	1,000

〔参考〕

簿記の仕訳は次のようになります
現金　1,000　　資本金 1,000

▶ 設例 2 「商品仕入時」のつながりは？

　次に、A社が商品 800 円を仕入れた時の財務三表の関係を見て
いきます。

　現金預金で仕入れたので、貸借対照表では、現金預金から商品の
購入代金分の 800 円が減り、商品 800 円が増えます。

　商品購入で現金を支出したため、キャッシュ・フロー計算書では、
営業キャッシュ・フローの棚卸資産増減欄に△ 800 円と記載され

ます。手元の現預金は、差し引き 200 円 (1,000 円 − 800 円) となり、貸借対照表の現金預金 200 円と一致します。

この時点では、損益計算書には、まだ何も記載されません。

商品を仕入れた時の財務三表のつながり

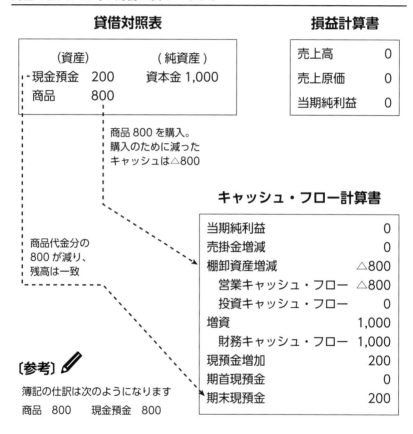

▶ 設例3 「商品販売時」のつながりは？

仕入れた商品を 1,200 円で掛け売りし、その商品の原価が 700 円だった時には、財務三表の関係はどうなるでしょう。

貸借対照表では、商品を掛けで売ったので、将来現金預金を回収できる権利として売掛金（資産）が 1,200 円発生し、売れた分の「商品」700 円が減額されます。

　損益計算書では、この減額した 700 円を、商品を売るために必要になった費用として売上原価に振り替えます。

商品を売り上げた時の財務三表のつながり

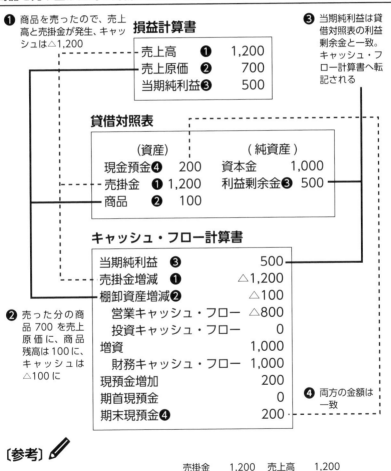

❶ 商品を売ったので、売上高と売掛金が発生、キャッシュは△1,200

❸ 当期純利益は貸借対照表の利益剰余金と一致。キャッシュ・フロー計算書へ転記される

損益計算書

売上高	❶	1,200
売上原価	❷	700
当期純利益	❸	500

貸借対照表

	（資産）		（純資産）	
現金預金	❹ 200	資本金	1,000
売掛金	❶ 1,200	利益剰余金	❸ 500
商品	❷ 100		

キャッシュ・フロー計算書

当期純利益	❸	500
売掛金増減	❶	△1,200
棚卸資産増減	❷	△100
営業キャッシュ・フロー		△800
投資キャッシュ・フロー		0
増資		1,000
財務キャッシュ・フロー		1,000
現預金増加		200
期首現預金		0
期末現預金	❹	200

❷ 売った分の商品 700 を売上原価に、商品残高は 100 に、キャッシュは△100 に

❹ 両方の金額は一致

〔参考〕

簿記の仕訳は次のようになります

| 売掛金 | 1,200 | 売上高 | 1,200 |
| 売上原価 | 700 | 商品 | 700 |

巻末資料

この結果、当期純利益は、売上高 1,200 円－売上原価 700 円＝500 円と計算できます。そして、この当期純利益 500 円は、貸借対照表の純資産の部の繰越利益剰余金 500 円と一致します。

キャッシュ・フロー計算書には、損益計算書から当期純利益 500 円が転記されます。現金預金は回収できていませんから、営業キャッシュ・フローの売掛金増減欄に△ 1,200 円と記載します。売れずに残っている商品は、100 円（800 円－700 円）ですので、棚卸資産増減欄に△ 100 円と記載します。

この結果、キャッシュ・フロー計算書の期末現金預金残高は 200 円となり、貸借対照表の現金預金の金額 200 円と一致します。

▶ 設例4 「売掛金の回収時」のつながりは？

掛けで売った 1,200 円のうち、1,000 円を現金で回収した時の財務三表の関係を見てみましょう。

貸借対照表では、現金預金が 1,000 円増えて 1,200 円となり、売掛金は 1,000 円減少して、200 円となります。

キャッシュ・フロー計算書では、売掛金が 1,000 円回収されたので、前期残と比べて売掛金は 200 円の増加となります。そこで、営業キャッシュ・フローの売掛金増減欄に△ 200 円と記載します。

この結果、期末現金預金残高は 1,200 円となり、貸借対照表の現金預金 1,200 円と一致します。

損益計算書には、何も示されません。

▶財務三表で必ず押さえたい３ポイント

最後に、まとめとして確認しておきたい財務三表の関係性は、次の３点です。

①現金預金の増減理由はキャッシュ・フロー計算書でわかる

貸借対照表の現金預金の増減理由（当期末と前期末）は、キャッシュ・フロー計算書でわかります。

先ほどの例では、当期末の現金預金の金額は1,200円で、前期末は0円です。

差額1,200円が当期の現金預金の増加額であり、その増加の理由はキャッシュ・フロー計算書を見ればわかります。

この点について確認していきましょう。

売掛金が入金された時の財務三表のつながり

貸借対照表

（資産）		（純資産）	
現金預金	1,200	資本金	1,000
売掛金	200	利益剰余金	500
商品	100		

損益計算書

売上高	1,200
売上原価	700
当期純利益	500

売掛金が入金されたので現金預金が増え、売掛金が減った

キャッシュ・フロー計算書

当期純利益	500
売掛金増減	△200
棚卸資産増減	△100
営業キャッシュ・フロー	200
投資キャッシュ・フロー	0
増資	1,000
財務キャッシュ・フロー	1,000
現預金増加	1,200
期首現預金	0
期末現預金	1,200

残高は一致

〔参考〕🖊

簿記の仕訳は次のようになります

現金預金　1,000　　売掛金　1,000

原因1 資本金 1,000 円が払い込まれたので、キャッシュ（財務キャッシュ・フロー）が＋ 1,000 円になった

原因2 事業活動の結果、500 円の当期純利益が計上され、キャッシュ（営業キャッシュ・フロー）が＋ 500 円になった。

原因3 商品在庫が 100 円残っているため、キャッシュ（営業キャッシュ・フロー）は－ 100 円になった

原因4 売掛金が 200 円残っているため、キャシュ（営業キャッシュ・フロー）は、－ 200 円になった

以上の 原因1 ～ 原因4 によって、1,000 円（資本金）＋ 500 円（当期純利益）－ 100 円（棚卸資産）－ 200 円（売掛金）＝ 1,200 円の現金預金が残っていることがわかります。

②利益剰余金の増減理由は損益計算書でわかる

貸借対照表の利益剰余金の増減理由は、損益計算書でわかります。繰越利益剰余金の増減理由は、損益計算書で当期純利益が得られた理由と同じになるからです。

たとえば、先ほどの例では、当期末の繰越利益剰余金は 500 円、前期末の繰越利益剰余金は 0 円です。この差額 500 円は当期の繰越利益剰余金の増加額であり、損益計算書の当期純利益 500 円と一致します。

損益計算書を見れば、商品 700 円を 1,200 円で販売したことによって利益が 500 円生じたことがわかります。

③損益と資金の動きは一致しない場合がある

すべての取引を現金で行っているのでなければ、損益と資金の動きは一致しません。たとえば、信用取引（掛取引）をしている場合には、売上の計上時点と回収入金時点が一致しません。通常は、売上が計上されても、その入金は翌月末になるため、損益と収支の時期がズ

レてしまうからです。

　先ほどの例でいえば、損益計算書では、売上1,200円で利益が500円計上されていますが、キャッシュ・フローで見ると、キャッシュとして手元にあるのは200円です。

　このように利益と資金の動きには時間的なズレが生じるために、損益計算書だけで会社の状況を判断することは、企業経営上、望ましくありません。

　利益と資金を同時に考えるためにも、財務三表のつながりを知ったうえで、会計が「うったえる」情報をフルに活用し、自社の実態を立体的に把握していただきたいと思います。

財務三表でとくに押さえたいポイント

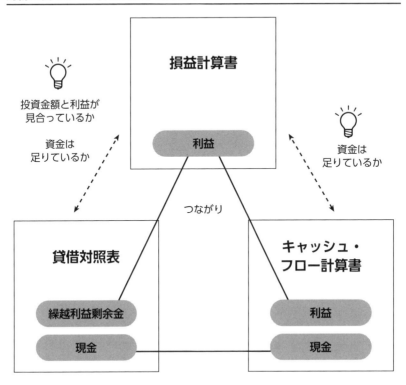

6 会社の資金面の安全性を チェックする

流動比率、運転資金計算表、運転資金日数表で

▶ 「流動比率」で財務安全性を確認しよう

　ここからは代表的な経営分析指標をいくつかご紹介します。

　経営者の中には、売上を伸ばすことだけを目標にしている方もよく見かけます。しかし、皮肉なことに、売上を上げれば上げるほど運転資金が苦しくなってくる……。どうしてそのようなことが起こるのでしょう。

　貸借対照表を見ると、上半分には流動資産と流動負債があります（253ページ参照）。流動負債は1年以内（厳密には買掛金などの買入債務はそれより前）に支払いや返済が必要なものであり、流動資産は、1年以内に資金化できるものです。

　流動資産が大きければ、流動資産を現金化して流動負債の支払いにあてることができるので、財務的には安心だといえます。「流動比率」はこの考え方を指標にしたもので、「**流動資産÷流動負債×100％**」で計算することができます。一般に200％程度あると安心だといわれていますが、200％という比率には、あまりこだわる必要はないと考えます。

　ただし、**長期滞留債権（不良債権）や不良在庫があると、流動比率は高く計算されて、財務状態がよく見え**ます。分析の際は、不良債権や不良在庫の有無に注意しましょう。

流動比率では不良債権・不良在庫に注意しよう

【例】

	不良債権・不良在庫 なし	不良債権・不良在庫 あり
売上債権	1,000	1,500
棚卸資産	500	1,000
その他流動資産	500	500
流動資産計①	2,000	3,000
流動負債計②	1,000	1,000
流動比率　①÷②	200%	300%

不良債権や不良在庫があるケースのほうが、
数字がよく見えてしまう

【参考】「流動」と「固定」を分けるルール

	流動資産・流動負債	固定資産・固定負債
1年基準	貸借対照表日の翌日から起算して**1年以内に**現金化される資産と支払われる負債	貸借対照表日の翌日から起算して**1年を超えて**現金化される資産、支払われる負債
正常営業循環基準	現金預金⇒棚卸資産⇒売上債権⇒現金預金という企業の主目的たる**営業取引過程にある**資産や負債	

▶正常運転資金を計算し、運転資金計算表をつくろう

　運転資金が良好であるかどうかは、さらに細分化して検討することが必要です。

　小売業や卸売業では、商品を仕入れ、在庫として保管し、それを販売して売上を立てます。この時、入金があってから支払うのであれば問題ないのですが、通常は支払いが先行し、入金があとになり

ます。

　そのため、売ってから入金までの期間に資金の立替期間が発生します。資金は、立替期間が長ければ長いほど、１日当たりの売上高（＝立替金額）が大きければ大きいほど、苦しくなるのです。

　この立替期間に必要となる資金が、運転資金です。

　企業が人件費の支払いなど、正常な事業活動を行っていくうえで通常必要とされる資金を「正常運転資金」といいます。

　正常運転資金は、「**売上債権＋棚卸資産－買入債務**」で計算することができます。

　この算式を表の形にしたものが、次ページの「**運転資金計算表**」です。この表に貸借対照表などから該当科目の金額を転記して、前期と当期の運転資金を算出してみましょう。

　また、期間増減分析をして、運転資金の増減の原因を探ってみてください。

▶ 「運転資金日数表」をつくってチェックしよう

　次に、運転資金を日数で表示してみましょう。

　273ページに示したのは、「運転資金日数表」です。売上債権、棚卸資産、買入債務、運転資金を１日当たりの売上高で割れば、各々の回転日数（売上高の何日分の残高か）が計算できます。

　売上債権回転日数は、販売してから入金までの平均的な日数を示し、得意先に対して「立て替えている」日数になります。

　棚卸資産回転日数は、仕入れてから販売に至るまで、在庫として保管している平均的な日数を示します。

　買入債務回転日数は、仕入れてから支払いまでの平均的な日数を示し、仕入先から「立て替えを受けている」日数にあたります。

　運転資金日数は、運転資金が売上高の何日分に相当するかを意味

運転資金計算表の例

	科目	前期	当期
売上債権	受取手形		
	売掛金		
	完成工事未収入金★		
	前受金	△	△
	未成工事受入金★	△	△
	売上債権合計（a）		
棚卸資産	商品・製品		
	半製品・仕掛品・未成工事支出金		
	原材料・貯蔵品		
	棚卸資産合計（b）		
買入債務	支払手形		
	買掛金（工事未払金★）		
	前渡金	△	△
	買入債務合計（c）		
運転資金合計（a+b-c）			
1日当たり売上高(売上高÷365)			

★印は、建設業のケースです

> 運転資金の増減の
> 原因を探ってみよう

運転資金期間比較増減分析

前期の運転資金は ＿＿＿＿＿＿＿＿＿＿＿ 円であり、

当期は ＿＿＿＿＿＿＿＿ 円である。

よって、＿＿＿＿＿＿＿＿ 円　増加　減少　した

　運転資金が　増加　減少　した理由は、

　売上債権が＿＿＿＿＿＿＿円　増加　減少　し、

　棚卸資産が＿＿＿＿＿＿＿円　増加　減少　し、

　買入債務が＿＿＿＿＿＿＿円　増加　減少　したからである

するもので、これが長くなればなるほど、会社が立て替えている日数が多くなるので資金は苦しくなります。

運転資金日数表に書き込めば、たとえば「売上債権が〇日分滞留している」と直感的にわかりやすくなります。

▶自社に必要な運転資金を計算する

最後に、自社にとって必要な運転資金の額をつかんでおきましょう。必要運転資金とは、取引約定や業容の変化によって必要とされる運転資金のことです。これは、「運転資金日数×１日当たり売上高」で計算することができます。

取引約定が変わった時に、どの程度必要な運転資金が増減するのか、同じ立替期間（＝運転資金日数）で売上が倍になった時に、どの程度、必要な運転資金が増えるのかも、次ページ下表のⅡで簡単に計算することができます。

次ページの図表を見れば、売上高が急に増えた時に資金が苦しくなるからくりが、おわかりいただけると思います。

運転資金を改善するには、次のいずれか、もしくはその組み合わせしかありません。

運転資金を改善する３つの方法
①売掛債権の早期回収、貸倒れの防止
②棚卸資産の圧縮、無駄な購入の防止・抑止、不良在庫発生の防止
③買入債務の支払いの適正化

Ⅰ 運転資金日数表

科目	前期	当期
売上債権回転日数（a）	60.5 日	80.0 日
棚卸資産回転日数（b）	10.0 日	10.0 日
買入債務回転日数（c）	45.5 日	45.5 日
運転資金日数（a＋b−c）	25.0 日	44.5 日

前期より
19.5 日も増加

ということは

下記のいずれかが推測される
❶不良債権の発生
❷入金約定の悪い大口取引先の増加

Ⅱ 必要運転資金を計算してみよう

〔ケース〕1 年間の売上高が 365 百万円のとき

現在の必要運転資金	44,500,000 円	…①
売上高が倍になった場合の必要運転資金	89,000,000 円	…②
増加運転資金（②−①）	44,500,000 円	

計算方法

①1 日当たり売上高＝365 百万円 ÷365 日＝100 万円
　必要運転資金＝44.5 日 ×100 万円＝44,500,000 円

②売上が倍になれば、1 日当たり売上高も 2 倍になるため、
　44.5 日 ×200 万円＝89,000,000 円

おわりに

　グローバリズムをもとにした金融資本主義では、会社は株主のものとして、株主価値を最大化するのがその代理人としての経営者の役割だといわれてきました。

　日本でも、バブル崩壊後、急速にアメリカ流経営が主流となり、リストラと称した解雇などにより利益を上げる経営者が有能といわれていました。

　しかし、ここにきて、本家本元であるアメリカから、株主のための経営は誤りであり、多様なステイクホルダーを重視した経営に舵を切らなければならない、と反省されるようになりました。

　資本主義では、資本を最大化 (すなわち、利益の最大化) することを求められ、その機会があるところ、すなわち、成長余力のあるところに資本が投下され、その最大化を目指してきました。途上国から安い資源を買いたたき、それを先進国などで販売して利益を得ることは、途上国の労働力の搾取であり、植民地経営と何ら変わるところがありません。

　しかし、このコロナ禍によって、人の移動が制限され、その風景も一変してしまいました。

　また、石油などの資源を使い尽くすことは、地球そのものの環境に大きなダメージを与え、それが温暖化などの環境問題を引き起こしてしまいました。これも、自社のみの利害だけで、地球全体に配慮しない「強欲さ」がその真因だと考えられます。

　思うに、永続可能な社会を目指すには、各人が「もっともっと」ではなく、「ほどほど」という、「足るを知る」という思想と姿勢が重要なのではないでしょうか。このことを『老子』第44章でも、「足ることを知れば辱められず。止まることを知れば殆うからず。以っ

て長久なるべし」と、永続のためには「足るを知ることが重要」と
戒めています。

このような社会環境の変化の中で、経済や経営もそのサブシステ
ムですので、社会環境にプラスあるいは負荷をかけない活動が求め
られています。このためには、自社だけでなく関係する取引先もま
た、信用・信頼に足る組織同士が結びつき、協力し合う、いわば、
信用主義、信頼主義が今後の社会の主流になっていくことでしょう。

「良い会社」の定義が変わる

長い間、企業の評価は、利益を計上している会社や将来性がある
会社、規模の大きな会社などが、良い会社の条件とされてきました。
しかし、その組織の中で、目標利益の達成のためのきついノルマが
与えられ、心身を壊し、健康を害し、場合によっては、法を犯して
までの粉飾決算に加担しているのでは、働く人にとって「良い会社」
といえるのでしょうか。

また、協力会社に対し、コストカットを要求し続け、協力会社の
利益を吸い上げているのは問題ないのでしょうか。

確かに、このようなコストカットや人員削減を行うことで、利益
は計上できます。しかし、それは誰かを犠牲にしたものであり、決
して、永続が約束されるものではありません。

やはり、組織体が永続するためには、その構成員たる経営者・社
員の成長度合いが重要で、その成長以上の成果を求めてはならない
のです。そこに無理が生じ、結果として長続きしなくなってしまう
のです。

このような間違った企業の概念を真っ向から否定したのは、経営
学者であり、人を大切にする経営学会会長の坂本光司先生です。先
生は、8,000社を超えるフィールドワークをもとに、「人を幸せに

する経営」を『日本でいちばん大切にしたい会社 1 〜 7』(あさ出版)
などで提唱されています。

　この「人」とは、1 従業員とその家族、2 外注先・仕入先、3 顧
客、4 地域社会、5 株主　の 5 者を指します。この「五方良し」、
人を幸せにしていれば結果的に業績も上がるはずです。

　従来の経営学は、業績をいかに上げるかに焦点があてられ、その
ための管理の手法、いわば、「やり方」中心の方法論でした。これ
に対し、坂本先生は、企業および経営者としての「あり方」「ある
べき姿」を提唱されたのです。

個と全体の調和

　昔のように変化のスピードが遅い時代では、経営者の意思決定を
もとに、社員は一糸乱れず、その実現に向かってまい進すればよかっ
たのですが、現在のように変化のスピードが速い時代では、昨日の
意思決定が誤りになることも考えられるのです。このような時代に
は、現場を担う社員一人ひとりが、現状を把握するとともに決定し、
自らの行動を変えていかなければならないのです。

　これは、わがままを許しているのではありません。企業という組
織体には、各々、存在意義や理念・使命があるはずです。この構成
員たる経営者・社員は、これらによって結びつき、これらが行動の
判断基準となっていくのです。この意味で、社員一人ひとりが企業
の目的をしっかりと理解し、自分を律し、自分で立つ、すなわち、
自律と自立が存続のためにますます重要になっていくことでしょう。

　よく、「経営理念などの浸透」といわれますが、目的や理念、ビジョ
ンは上から浸透させることも重要ですが、それ以上に、構成員の「受
容」こそが大切なのではないかと考えているこのごろです。

　構成員一人ひとりにも心があり、意思決定をしています。このた

め、目的・理念・ビジョンは構成員一人ひとりが心から受け容れ、自分のものとすることが重要です。

　もっとも構成員の精神的な成長度合いは個々に違います。初めからすべてを受け容れることは不可能です。しかし、仕事を進めていく過程で「腑に落ちる」ことがあるのです。このようなさまざまな経験を通じて、仕事の意味を理解し、所属する企業の進むべき道が明らかになる時、人は自主的に、精一杯、最高の自分を演じていくようになるのです。

　人体はそのようにできています。胃は胃の役割を、肺は肺の役割を、心臓は心臓の役割を精一杯果たしています。そして、それは自分を活かすことを通じて、人体全体の調和に貢献しているのです。企業も然り。

　これによって「調和」が保たれます。調和とは単なる仲良しではなく、「他も活かし、我も活かす」ということなのです。この意味でも、良い会社になるためには、良い社員が多く集う組織づくり（場づくり）が不可欠なのです。

　冒頭の「はじめに」でも述べたように、本書は「『資金調達力の強化書』と銘打ちながらも、単にそのテクニックを解説するものではない」としたのは、財務・会計の役割は、健全な企業を創造するための基盤であり、それをないがしろにしていれば一時はよい思いをしても、砂上の楼閣としていずれは崩れてしまうと考えられるからです。本書を通読いただいた皆様方には、ぜひ、財務・会計の知識を積極的に活用し、「企業の今を知り、未来を語る」経営者となり、この社会の中で大いに翔き活躍し、他の模範となるような企業を創造していただくことを心より祈念致します。

おすすめ本 —もっと知識をつけたい方のために！

経済・社会の今と未来を知るための本

『**資本主義の終焉と歴史の危機**』 水野和夫著 集英社新書

『**閉じてゆく帝国と逆説の21世紀経済**』 水野和夫著 集英社新書

『**次なる100年**』 水野和夫著 東洋経済新報社

『**日本経済 予言の書**』 鈴木貴博著 ＰＨＰビジネス新書

『**予測不能の時代**』 矢野和男著 草思社

経済、社会は
どうなる？

企業経営の本質を知るための本

『**日本でいちばん大切にしたい会社 1〜7**』 坂本光司著 あさ出版

『**人を大切にする経営学講義**』 坂本光司著 ＰＨＰ研究所

『**「新たな資本主義」のマネジメント入門**』 坂本光司著 ビジネス社

『**後継者の仕事**』 赤岩茂・藤井正隆編著 ＰＨＰ研究所

経営のキモが
わかる

経営者の財務・会計への考え方・行動を知るための本

『稲盛和夫の実学　経営と会計』　稲盛和夫著　日本経済新聞出版

『稲盛和夫の実践アメーバ経営』　稲盛和夫著　日本経済新聞出版

『永守流　経営とお金の原則』　永守重信著　日経ＢＰ

なるほど！
会計の考え方が
わかった

マネジメントの原理・原則を今一度見つめ直すための本

『現代の経営　上・下』　ドラッカー著　ダイヤモンド社

『経営者の条件』ドラッカー著　ダイヤモンド社

『マネジメント　上・中・下』　ドラッカー著　ダイヤモンド社

『マネジメントへの挑戦　復刻版』　一倉定著　日経ＢＰ

『ゆがめられた目標管理　復刻版』　一倉定著　日経ＢＰ

『あなたの会社は原価計算で損をする　復刻版』　一倉定著　日経ＢＰ

マネジメントを
上手に回そう

金融界の今とこれからを知るための本

『地域金融の未来』　森俊彦著　中央経済社

『捨てられる銀行』　橋本卓典著　講談社現代新書

『捨てられる銀行2　非産運用』　橋本卓典著　講談社現代新書

『捨てられる銀行3　未来の金融』　橋本卓典著　講談社現代新書

『捨てられる銀行4　消えた銀行員』　橋本卓典著　講談社現代新書

金融機関について
もっと知りたい

会計をさらに知ろうとするとき役立つ本

『財務会計講義　第23版』　桜井久勝著　中央経済社

『最新中小企業会計論』　河﨑照行著　中央経済社

『起業ストーリーで学ぶ会計』　川島健司著　中央経済社

会計を深く
学びたい

古典に学び経営に活かすための本

『「経営に生かす」易経』 竹村亞希子著　致知出版社

『論語講義』　渋澤榮一述　明徳出版社

『炎の陽明学 山田方谷伝』　矢吹邦彦著　明徳出版社

『ケインズに先駆けた日本人　山田方谷外伝』矢吹邦彦著　明徳出版社

『超訳　報徳記』　富田高慶著　致知出版社

『二宮翁夜話』　福住正兄著　致知出版社

『二宮先生語録』　斎藤高行著　致知出版社

温故知新！

その他

『事業再構築補助金と DX による経営革新』

中村中著　ビジネス教育出版社

一歩先を！

参考文献

『財務経営力の強化書』赤岩茂・鈴木信二共著　あさ出版
『図解ポケット　ポーターの競争戦略実践ワークブック』
中野明著　秀和システム
『一倉定の社長学2　経営計画・資金運用』
一倉定著　日本経営合理化協会出版局
『実践！　経営助言』ＴＫＣ全国会創業・経営革新支援委員会編著　ＴＫＣ出版
『夢をかなえる経営計画』赤岩茂著　ＴＫＣ出版
「ローカルベンチマークガイドブック」経済産業省（ホームページからのダウンロード資料）

編著者紹介

赤岩　茂 <small>（あかいわ・しげる）</small>

税理士法人報徳事務所　代表社員・理事長、公認会計士・税理士・情報処理システム監査技術者

法政大学経営学部卒業。在学中に公認会計士第二次試験合格。卒業後監査法人などの勤務を経て平成元年に独立。平成 14 年、税理士法人報徳事務所を設立。代表社員・理事長に就任。

茨城大学大学院人文社会科学研究科非常勤講師、結城信用金庫員外監事、古河市代表監査委員、人を大切にする経営学会副会長などを務める。法政大学大学院政策創造研究科客員教授、千葉商科大学大学院商学研究科特命教授、松下政経塾実践経営学講座主任講師、TKC 全国会創業・経営革新支援委員会委員長等を歴任。

著書に『財務経営力の強化書』（あさ出版・共著）、『後継者の仕事』（PHP 研究所・編著）、『「活力ある企業」の条件』（TKC 出版）、『進化の時代を乗り切るための人生と経営の道標』（ラグーナ出版）等多数。

鈴木信二 <small>（すずき・しんじ）</small>

税理士法人報徳事務所　代表社員・東京本部長　税理士

横浜国立大学経営学部卒業。埼玉銀行（現りそな銀行）、会計事務所などの勤務を経て、平成 6 年独立、平成 18 年税理士法人アンビシャス設立、平成 28 年税理士法人報徳事務所と合併、現在、同事務所代表社員・東京本部長。経済産業省ローカルベンチマーク活用戦略会議委員、明治大学専門職大学院　グローバル・ビジネス研究科兼任講師、ＴＫＣ全国会中小企業支援委員会副委員長、独立行政法人中小企業基盤整備機構中小企業アドバイザー。

著書に『財務経営力の強化書』（あさ出版・共著）、『後継者の仕事』(PHP 研究所・共著)、『Q&A 金融機関への正しい業績の伝え方のルール』（TKC 出版・共著）など多数。

著者紹介

倉澤芳弥 （くらさわ・よしや）

税理士法人報徳事務所　黒字化支援部部長　税理士
埼玉大学経済学部卒業後、旅行会社を経て、税理士法人報徳事務所に入所現在に至る。

小山淳一 （こやま・じゅんいち）

税理士法人報徳事務所　お客様支援部第二課長　行政書士・巡回監査士・法学修士・商学修士
青山学院大学経営学部卒業後、出版社、大学院を経て、税理士法人報徳事務所に入所。現在に至る。

茂田雄介 （しげた・ゆうすけ）

税理士法人報徳事務所　お客様支援部 研修担当課長　巡回監査士
慶應義塾大学法学部卒業後、外資系損害保険会社を経て、税理士法人報徳事務所に入所、現在に至る。

「10年後の自社」を思い描き確実に実現する！
資金調達力の強化書 〈検印省略〉

2022年 5 月 14 日 第 1 刷発行

編著者── 赤岩 茂（あかいわ・しげる）
編著者── 鈴木 信二（すずき・しんじ）
著 者── 倉澤 芳弥（くらさわ・よしや）
著 者── 小山 淳一（こやま・じゅんいち）
著 者── 茂田 雄介（しげた・ゆうすけ）
発行者── 田賀井 弘毅
発行所── 株式会社あさ出版

〒171-0022 東京都豊島区南池袋 2-9-9 第一池袋ホワイトビル 6F
電 話 03 (3983) 3225 (販売)
03 (3983) 3227 (編集)
F A X 03 (3983) 3226
U R L http://www.asa21.com/
E-mail info@asa21.com
印刷・製本 美研プリンティング (株)

note http://note.com/asapublishing/
facebook http://www.facebook.com/asapublishing
twitter http://twitter.com/asapublishing

©Shigeru Akaiwa & Shinji Suzuki & Yoshiya Kurasawa &
Junichi Koyama & Yusuke Shigeta 2022 Printed in Japan
ISBN978-4-86667-377-6 C2034

本書を無断で複写複製（電子化を含む）することは、著作権法上の例外を除き、禁じられています。また、本書を代行業者等の第三者に依頼してスキャンやデジタル化することは、たとえ個人や家庭内の利用であっても一切認められていません。乱丁本・落丁本はお取替え致します。

あさ出版好評既刊

「10年後どうする?」を決める

経営戦略の教科書

ひとりでもできるシンプルな考え方

山梨広一　Hirokazu Yamanashi

「空・雨・傘」の3段論法で論理的に立案する

考えがまとまったら、一度立ち止まり多面的に考える

マッキンゼーシニアパートナー、イオン執行役などを経験、
LIXILグループ取締役、イオン顧問を務めるプロ中のプロが教える

成功確率を高く!　成果を大きく!
"筋のいい戦略"のつくり方

strategic management

あさ出版

「10年後どうする?」を決める
経営戦略の教科書

山梨　広一　著
A5判　定価2,420円　⑩

business plan

A3一枚でつくる

事業計画

の教科書

EY Building a better working world

新日本有限責任監査法人シニアパートナー
公認会計士
三浦 太 Masaru Miura

あさ出版

- 分厚くてはかえってわかりにくい
- これなら計画策定に困らない
- ライバル社の事業構造分析にも役に立つ

シンプルさが洗練を生む!

A3一枚でつくる
事業計画の教科書

三浦 太 著
A5判 定価1,980円 ⑩

経営計画
策定・実行
の教科書

management plan

企業変革・新産業創造のプロ
シカゴ大学MBA(Beta Gamma Sigma)　内海康文 Yasufumi Utsumi

あさ出版

● 経営計画で経営戦略を実行に落とし込む
● 「外向き(=顧客)の戦略」と「内向き(=従業員)の戦略」のPDCAを回す
● 4つのレバーで従業員のあるべき行動を引き出す

行動を変えて会社を変える!

経営計画策定・実行
の教科書

内海　康文　著
A5判　定価1,980円　⑩

会計のプロのノウハウがこの1冊で!
財務経営力の強化書

赤岩 茂 著
鈴木信二 著
A5判　定価2,420円　⑩